O DIREITO INTERNACIONAL

RENÉ-JEAN DUPUY
Professor do Colégio de França
Membro do Curatorium
da Academia do Direito Internacional da Haia
Membro do Instituto de Direito Internacional

O DIREITO INTERNACIONAL

LIVRARIA ALMEDINA
COIMBRA – 1993

Título original: *Le Droit International* (Col. "Que sais je?")
© Presses Universitaires de France
108, boulevard Saint-Germain, 75006 Paris

Tradução de Clotilde Cruz

Reservados todos os direitos para a Língua Portuguesa
LIVRARIA ALMEDINA – COIMBRA – PORTUGAL

INTRODUÇÃO

I. – Definição do Direito internacional

O Direito internacional é o conjunto das normas que regulam as relações entre os Estados (¹). Declarando-se soberanos, estes não reconhecem nenhuma autoridade acima deles. Esta pretensão dá às normas jurídicas que regulam as suas relações um carácter original que as diferencia das normas de Direito interno. Enquanto neste último os sujeitos de direitos são colocados sob um poder que estabelece a lei e a faz respeitar, os Estados, sujeitos do Direito internacional, promulgam em comum, por meio de acordo, a regulamentação que exprime o interesse de todos, cabendo a cada um deles avaliar a dimensão do dever que lhe incumbe e as condições da sua execução. O Direito interno é um direito de subordinação que condiciona sujeitos susceptíveis de serem condicionados, se necessário

---

(¹) A expressão «Direito internacional» está empregue em conformidade com a linguagem corrente e respeita essencialmente ao Direito Internacional Público.

pela força, à observância da lei, graças a um aparelho institucional adequado; o Direito internacional, pelo contrário, constitui um direito de coordenação que se limita a favorecer a cooperação entre os Estados. Mas estes, não estando dependentes de nenhuma autoridade de sobreposição, unem-se apenas numa base voluntária e são soberanos na avaliação do seu próprio direito. Quer isto dizer que a norma de Direito nem sempre é compreendida do mesmo modo por todos e que, tendo os Estados tendência a personalizar os seus interesses mais importantes em valores sagrados, a paz apenas pode ser precária.

Foi precisamente por isso que todos os partidários da paz pelo Direito combateram a noção de soberania, o maior obstáculo à supremacia do Direito internacional sobre os seus sujeitos, os Estados. Esta atitude é indiscutivelmente lógica mas esquece que a soberania é uma noção histórica e que a história não se altera com argumentos lógicos. É necessário que estes procurem enraizar-se nos acontecimentos com uma força tal que o normal de ontem acabe por ser discutível amanhã. Esta evolução parece ter começado após as duas guerras mundiais, que mostraram bem a que destruições podem levar as soberanias exacerbadas. Logo após o primeiro conflito pôde-se assistir ao aparecimento de algumas organizações internacionais, com a Sociedade das Nações em primeiro plano, e o seu número continuou a crescer a partir do final do segundo.

Ainda que o alcance desse fenómeno não fosse imediatamente perceptível na prática era considerável no que respeita aos princípios. Na medida em que se passa de um estado puramente interestadual, baseado numa coordenação ocasional das políticas governamentais, a uma sociedade organizada, tende-se a aceitar um sistema institucional assente numa concepção diferente, de certa forma susceptível de retomar os caracteres de Direito interno e de oferecer a imagem de um conjunto dotado de órgãos competentes para legislar, julgar e executar. O exercício disperso das funções sociais deveria ser substituído por uma determinada concentração de poderes, ela própria mais ou menos desenvolvida segundo o grau de solidariedade comprovado pelos Estados associados. Passaríamos assim do mundo das cidades à cidade do mundo. Deste modo, realizar-se-ia não a unificação, como os grandes conquistadores tentaram em vão impor, mas a união, fundada no acordo comum entre Estados, para instituir uma autoridade superior à sua.

As organizações internacionais só muito vagamente respondem a este esquema teórico: elas devem a sua criação aos Estados. Ora, estes entendem que devem conservar a maior margem possível de soberania e, por isso, apenas a transferem parcialmente à instituição que as circunstâncias os obriga a criar. Isso não impede que, por muito modesta que seja, do ponto de vista da unidade do mundo, a contribuição das organizações internacionais se revista já de uma importância considerável.

Desde as primeiras civilizações mediterrânicas, assiste-se a este apelo contraditório da soberania e da associação. A história das relações internacionais é a desta alternância de sociedades em vias de organização e de Estados que se defrontam em guerras endémicas, apenas conhecendo a palavra de ordem imposta pelo conquistador de outros tempos.

II. – História das relações internacionais

Durante muito tempo, a Grécia havia sido devastada por lutas que, aos olhos do homem moderno, se apresentam como guerras civis interrompidas, no entanto, por tentativas de inspiração federativa, em particular com as Anfictionias. Definitivamente, a unificação ser-lhe-á imposta pelo poder de Filipe, depois por Alexandre, antes de a península helénica ser integrada num mundo ainda mais vasto: o Império Romano. Este constitui o maior êxito de uma tentativa de assimilação de povos diferentes num todo universal. Em 212, o édito de Caracala, fará cidadãos todos os habitantes do mundo romano. A coesão do Império facilitará a expansão do cristianismo e o mundo cristão constituirá na Idade Média um sistema completamente diferente. A cidade cristã procedia de uma filosofia original: a igualdade dos homens não era, como no Império de Roma, a consequência de uma longa e aliás imperfeita assimilação jurídica; ela era o factor primário: criados à imagem de Cristo todos são iguais: «Nem Gregos, nem Bárbaros, nem Judeus, nem Pagãos», dirá S. Paulo. Desde que tomava o homem como referência, a sociedade cristã tendia ao globalismo, ao ecumenismo; a cidade do príncipe não podia limitar-se ao homem, ela não era senão uma parte da Civitas Christiana, ela própria, esboço terrestre da Cidade de Deus. Assim se explica que a Idade Média tenha conhecido, no plano das estruturas, um monismo teocrático e, no plano doutrinal, o universalismo canonista.

a) A cidade cristã apresentava-se como uma pirâmide de poderes hierarquizados: senhores, barões, duques, reis estavam dependentes do Imperador e este último do Papa. Estava-se, portanto, perante uma sociedade feita de principados não justapostos, mas sobrepostos. Na realidade, esta estrutura não impedia os conflitos. No topo, o Imperador reivindicava o poder temporal que dizia receber directamente de Deus, enquanto que o Papa sustinha que, tendo recebido os dois gládios, o temporal e o espiritual, havia confiado o primeiro ao Imperador, o qual permanecia dependente dele. Foi sem dúvida uma longa luta, marcada pela submissão de Henrique IV a Canossa. Por outro lado, entre os príncipes, as guerras foram numerosas, mas a autoridade pontifícia era suficiente para impor um mínimo de ordem nas relações internacionais, nomeadamente pela limitação do recurso à força, sendo alguns lugares ou algumas épocas interditos aos combates. Em matéria de colonização, o Papa investe os príncipes nas terras abertas à propagação da fé: a Bula Alexandrina (1493) traça uma demarcação entre os territórios a colonizar pelos Espanhóis e pelos Portugueses. As sanções que o Sumo-Pontífice podia infligir aos príncipes não eram de desprezar, uma vez que pela excomunhão ele podia libertar os vassalos do dever de obediência ao seu senhor. Existia assim um superpoder de ordem teocrática que, apesar das suas fraquezas, podia sustentar uma doutrina com propensão para a universalidade.

b) O universalismo canonista foi expresso por teólogos, naturalmente levados a examinar os problemas das relações entre príncipes sob o ponto de vista do pecado. Eles defendem que o poder político está subordinado a um princípio supremo: o Direito natural que encontra o seu fundamento em Deus. Assim sendo, os príncipes não são soberanos e faz-se o possível para apresentar a sua autoridade como uma função confiada por Deus com o objectivo de fazer reinar o bem comum. Os teólogos do século de ouro espanhol darão a sua expressão mais sólida a esta doutrina, que tende a condicionar o poder através de normas transcendentes. Francisco de Vitória (1480-1546) procurará especialmente os fundamentos da colonização, problema levantado pelas grandes descobertas; rejeitando todos os testemunhos da barbárie dos povos conquistados ou os provenientes da primeira ocupação, ele irá justificá-la pelo direito universal de comunicação e afirmar assim a sua concepção ecuménica da sociedade internacional, ao mesmo tempo que o próprio Direito das gentes é estabelecido com base na razão universal. Essa preocupação de unidade também é manifestada por Suarez (1548-1617), para quem o género humano ultrapassa os limites das diversas nações. A conciliação entre a autonomia de cada uma e a sua necessária interdependência resulta da existência de duas espécies de normas: as do Direito voluntário e as do Direito natural. O primeiro tem por base acordos, mas estes não saberiam ignorar as normas superiores decretadas por Deus para todos os homens. Cada príncipe, ao mesmo tempo que age pelo seu país, tem a obrigação de impor aos outros príncipes o respeito pelo Direito natural; assim sendo, o seu papel desdobra-se e obriga-o, nas suas relações internacionais, a procurar o bem comum universal. No entanto, no preciso momento em que ele escreve, o mundo cristão perde a sua frágil unidade; os dois supremos soberanos vêem negada a sua autoridade: a Reforma recusa a do Papa; a constituição de Estados poderosos, enriquecidos com o ouro da América, arruína a suserania do Imperador. Assim se desmorona o edifício medieval e se propagam os Estados libertários, libertos de toda e qualquer transcendência.

1. **Os Estados soberanos.** — A partir do século XVI, a sociedade internacional é composta por Estados como a França, a Inglaterra, a Espanha e Portugal; se a Alemanha e a Itália continuam divididas em repúblicas ou principados, o facto é que surgem algumas potências que se esforçam por dominar as outras. A partir de então, pretende-se que todos estes poderes sejam soberanos. É precisamente nesta época que os legistas forjam o adágio: «O rei é imperador no seu reino». Estas pretensões jurídico-políticas são reforçadas pela crença, de ordem económica, segundo a qual toda e qualquer saída de numerário é fonte de empobrecimento. Daí a tendência para uma certa autarcia. Trata-se, pois, de um conjunto de reacções que apenas pode marcar um retrocesso do sentido internacional. A evolução da doutrina traduz bem esta passagem de uma ordem coerente a um estado de anarquia internacional.

a) Pode-se considerar Hugo de Groot, mais conhecido por Grócio (1583-1646), como o pai do Direito internacional moderno. O seu trabalho é o de um sábio que estuda a realidade positiva e, a esse respeito, a sua visão mais laica da vida internacional parece separá-lo desses teólogos, seus predecessores. No entanto, conserva preocupações de ordem moral e, para lá da explosão interestadual do mundo, conserva, sobretudo, a noção da comunidade dos homens na terra. É significativo que tenha dado entrada no pensamento internacionalista defendendo o princípio da liberdade dos mares. Baseando-se na liberdade das comunicações e do comércio, esta norma opõe-se às pretensões dos Estados no que respeita à soberania nas águas e faz destas uma via aberta às relações entre os povos que não podem bastar-se a si próprios. Na sua obra *De jure belli ac pacis,* distingue o Direito natural e o Direito voluntário: o primeiro exprime normas transcendentes que os Estados devem respeitar, podendo os seus súbditos extrair de uma ordem injusta um direito de resistência à opressão. O segundo constitui o Direito positivo, que deriva do costume e dos tratados. Para Grócio, o Estado é por certo independente, mas não pode ficar isolado devido à sociabilidade natural do homem e no seu livro ele esforça-se ainda por afirmar a unidade efectiva de um mundo dominado e coordenado pelo Direito natural. Esta preocupação não existe na obra de Vattel (1714--1767): o seu *Tratado do Direito das Gentes* afirma a plena soberania do Estado e traduz sem contrição a desordem da vida internacional.

b) A anarquia interestadual é a consequência da pretensão de cada um dos Estados à soberania absoluta. Não conhecendo outras normas senão aquelas que coincidem com os seus próprios interesses, o Estado é ao mesmo tempo a fonte do Direito internacional e o seu sujeito; isto é o mesmo que mencionar a precariedade desta submissão em relação à norma jurídica. Ela própria corre o risco de a todo o momento se ver interpretada de forma diferente por cada um dos governos, e estes não recorrem à solução pacífica e à arbitragem senão para os conflitos menores. Por conseguinte, a guerra é uma solução normal e, longe de ser proscrita como um crime, encontra-se regulamentada no seu exercício; esta faz-se sentir no estado endémico até meados da segunda metade do século XIX. Com efeito, com a expansão dos sistemas políticos herdados da Revolução Francesa, a passagem do Estado principesco a Estado-nação vai substituir litígios interdinásticos, dirigidos por exércitos profissionais, por guerras internacionais que opõem povos militarmente preparados, onde o igualitarismo democrático conduz naturalmente à igualdade dos cidadãos perante o recrutamento.

Se considerarmos o longo período que vai do século XVII a 1914, as relações internacionais dependem de um direito puramente relacional, marcado pelo desenvolvimento dos tratados destinados a afastar ou a pôr termo aos conflitos armados, através da consolidação da representação diplomática. Sendo estas práticas insuficientes para manter a paz, a necessidade de ordem, inerente a qualquer comunidade, suscita o apelo a diversos expedientes. Alguns participam na receita política, outros fazem coligações que, enquanto duram, exercem pressão sobre os outros Estados, com o objectivo de manter o *statu quo* internacional, e comportam-se como verdadeiros governos de facto em relação a eles.

1º Dois princípios, mais empíricos do que dogmáticos, gostariam de manter a Europa numa certa estabilidade: o princípio do equilíbrio, que tende a evitar as consequências perigosas de uma modificação nas relações de força, resultantes do desenvolvimento de um Estado em detrimento dos outros; estes esforçam-se por obter compensações, através de uma política de equilíbrio no poder. Assim, em 1648, os tratados de Westfália favoreciam a França em detrimento da Áustria, enquanto que em 1713 o Tratado de Utreque estabelecia uma política inversa. Calcula-se a imprevisibilidade de um tal sistema, reduzido a tentar um equilíbrio no tempo e continuamente posto em questão. De acordo com o princípio da não-intervenção, nenhum Estado pode ingerir-se nas questões internas de um outro. Corolário da soberania do Estado, este princípio sofre diferentes interpretações por parte dos governos. Tendo a Bélgica proclamado, em 1930, a sua independência contra a Holanda, a França opõe-se a uma intervenção da Prússia; no mesmo ano, depois de a Rússia ter esmagado uma insurreição polaca, o governo francês recusa-se a responder ao apelo dos insurrectos e a intervir no que considera uma questão interna. Na verdade, se uma situação é considerada por um Estado poderoso como contrária aos seus interesses, este pode intervir em nome do princípio do equilíbrio; mas, se, pelo contrário, lhe parecer vantajosa, opor-se-á às iniciativas dos outros governos em nome da não-intervenção. Cada um destes «princípios» oferece assim às potências múltiplas possibilidades políticas, ao mesmo tempo que reveste as suas opções de uma aparente fidelidade à moral internacional. Para triunfarem nestas jogadas subtis, os Estados recorriam a alianças e tentavam impor, pelo poder e pela força, uma certa ordem na Europa.

2º O século XIX conheceu vários esforços de organização imperialista na Europa. Ao sair das transformações que se seguiram à revolução e às campanhas napoleónicas, ele assistiu à constituição de alianças, destinadas não tanto a provocar guerras, mas a evitá-las e a permitir um desenvolvimento do comércio entre as nações. Assim nasceu a Santa Aliança e, depois, o Concerto Europeu.

A primeira reunia os monarcas da Rússia, da Prússia e da Áustria e, mais tarde, os da França e da Inglaterra. Embora estivesse animada de preocupações de ordem territorial, como por exemplo garantir o traçado das fronteiras estabelecido no Congresso de Viena em 1815, tinha sobretudo um objectivo ideológico: manter no mundo a ordem e a legitimidade monárquicas contra todo e qualquer retorno ofensivo do espírito de 89. Foi precisamente por essa razão que multiplicou as suas intervenções em vários países da Europa. Foi contrariada no seu desejo de participar na repressão das colónias sul-americanas, que lutavam pela sua independência, pelos Estados Unidos, campeões do isolamento americano em relação aos empreendimentos europeus, princípio que o governo de Washington exprimia na doutrina de Monroe. Na verdade, sendo portadora de uma ideologia em declínio e a partir daí minoritária, a Santa Aliança estava condenada ao fracasso. Este foi evidente depois da saída da Grã-Bretanha, cujo regime representativo não podia acomodar-se a esta adopção, e, sobretudo, depois da revolução de 1830, em França. O advento da burguesia, como consequência do desenvolvimento da indústria, favorece o aparecimento das ideias liberais. Estas não só postulam a investidura dos governantes pelos cidadãos, como também postulam, no plano internacional, a libertação dos povos da Europa dominados por um Estado estrangeiro. Assim se propaga o movimento das nacionalidades, que tende a reivindicar um Estado onde existe uma população com as características de uma nação. «O que é uma nação?», perguntava Renan num estudo célebre. Esta assenta num querer viver em comunidade, desejo esse fecundado por identidades religiosas, étnicas, históricas e económicas. Fundamentos espirituais e materiais cuja tomada de consciência se manifestará na Europa na segunda metade do século XIX e levantará em Itália e na Áustria-Hungria problemas incómodos às grandes potências. Estas formam uma coligação, o Concerto Europeu. O seu fim é duplo: manter os contactos entre os diversos países que o constituem e consolidar a paz necessária às trocas comerciais que se desenvolvem livremente na vasta república mercantil que constitui a

Europa do capitalismo manchesteriano. Em virtude disto, o Concerto cria as primeiras uniões administrativas, organizações internacionais especializadas na regulamentação dos problemas, cuja solução, para além de exigir que se ultrapasse o plano nacional, fixa o estatuto do Danúbio, rio internacional, ou o dos territórios de além-mar (Congresso de Berlim, 1896 e 1889): a expansão colonial produz-se, com efeito, no momento em que se propaga, por toda a Europa, o movimento que tende a dar permissão aos povos para disporem de si próprios, o que não deixa de pôr em causa o equilíbrio estabelecido. Por outro lado, manter a ordem e, se necessário, impô-la às pequenas e médias potências é o segundo objectivo do Concerto, ainda que, eventualmente, alguns dos seus membros estimulem aqui e ali, entre os seus parceiros, o conflito de nacionalidades.

Este governo internacional de facto, que fundamenta a sua supremacia na coligação das forças, não está, porém, isento de falhas. Com efeito, apesar das antinomias seculares, verifica-se cada vez mais uma interdependência crescente entre os países europeus. Esta solidariedade, objectivamente estabelecida pela rede de comunicações, não era reforçada por uma solidariedade subjectiva: as consciências continuavam firmemente nacionalistas e os governos sempre tentados por um retorno ao proteccionismo. Será necessária a guerra para que se apercebam, muito tempo depois, aliás, que daí em diante a unidade de facto do mundo ocidental não iria consentir conflitos entre dois ou um pequeno número de Estados o que levaria à expansão planetária da guerra.

2. **Um mundo acabado e desmembrado.** — As grandes potências tinham-na pressentido vagamente e, para a evitar, realizaram conferências em Haia em 1889 e em 1907. Tentaram instaurar a paz através do Direito, mas o facto é que não conseguiram chegar a acordo nem quanto ao desarmamento, nem quanto à arbitragem obrigatória; apenas serão definidas as normas do direito da guerra, mas o seu desconhecimento por parte dos beligerantes desvalorizará gravemente a obra de Haia. A guerra de 14-18, pela sua extensão mundial, havia demonstrado a necessidade da organização do mundo. Renunciando ao isolacionismo que, desde a sua origem, pretendia manter os Estados Unidos fora da História numa recusa puritana de se misturar com a Europa, o presidente Wilson liderara uma cruzada a favor do domínio da lei internacional. O contrato social que ele propunha aos Estados torna-se o Pacto da Sociedade das Nações. O presidente encontrava-se demasiado avançado para a época: o Senado recusa-lhe a ratificação e esta ausência dos Estados Unidos vai comprometer o futuro de uma instituição que, ela sim, estava em atraso relativamente à paz. Falsamente universal pela exclusão originária dos ex-inimigos (a Alemanha apenas entrará para voltar a sair em 1933), paralisada pela necessidade de obter a unanimidade dos membros dos seus órgãos para proceder a simples recomendações não executórias por parte dos Estados, ela não havia recebido, destes, poderes à altura dos perigos que, bem depressa, voltaram a recair sobre a paz. Tinha-se tornado um areópago de nações predominantemente europeias e demo-liberais,

quando foi submersa pela guerra desencadeada pelos imperialismos do Eixo. A tomada de consciência da sua profunda solidariedade voltara a ser insuficiente para convencer os governantes a abdicarem de uma parte das suas competências em proveito de uma organização capaz de instaurar a segurança internacional. Juntamente com a S.D.N., não quiseram estabelecer uma estrutura vertical de poderes acima dos Estados. Pretendendo ao mesmo tempo a paz e a soberania, acabaram por perder uma e outra e, da Segunda Guerra, na qualidade de soberanos, não sobreviveram senão as grandes potências, especialmente os Estados Unidos e a União Soviética.

A partir daí, não é de espantar que a nova organização, a das Nações Unidas, tenha sido concebida pelos grandes vencedores de forma a ser dominada por um directório destinado a perenizar a sua hegemonia: o Conselho de Segurança. À Assembleia Geral, aberta a todos os membros, não lhe era reconhecida senão uma influência mínima. Assim, a O.N.U. não estava de modo nenhum destinada a promover a coexistência pacífica entre as grandes potências; ela pressupunha-a. A partir do momento em que estão de acordo, os Big Five (E.U.A., U.R.S.S., Grã-Bretanha, França e China) podem impor os seus pontos de vista ao resto do mundo. Trata-se do sistema do Concerto, elevado à escala mundial e legalizado pela Carta.

No entanto, o postulado de entendimento entre os grandes depressa será contrariado pelo pós-guerra: as nações, unidas pela guerra, serão desunidas pela paz e a O.N.U. não poderá instituir um governo mundial. Por outro lado, a sua presença, tal como a de tantas outras organizações internacionais, trai uma evolução profunda da sociedade internacional bem como a do Direito que a rege.

a) As transformações da sociedade afectam as suas dimensões, os seus centros de gravidade e as suas estruturas:

1) Doravante o mundo é um só. A partir de 1919 Valéry constatava: «O tempo do mundo acabado começa». Os progressos das técnicas e das trocas tornaram o mundo mais exíguo e acentuaram a interdependência entre os povos. Basta que a paz seja perturbada na Ásia, como aconteceu por ocasião da guerra da Coreia, para que o resto do mundo se sinta ameaçado. Embora mais próximos pelos acontecimentos, os homens não se amam mais por isso. A terra apenas tem um povo e o mundo está povoado de estrangeiros. O princípio das nacionalidades espalhou--se pelos países colonizados como fogo no mato e os povos descobriram-se por meio de impressões de promiscuidade para uns, de ressentimento e de inveja para outros. Três em cada cinco homens não comem de acordo com as suas necessidades; o problema internacional é um problema social. Ora, o processo de descolonização inseriu-se na competição dos dois messianismos que disputam entre si o planeta: o americano e o soviético. Daí a presença de um estado generalizado de tensão. A guerra fria não é guerra e é quente: pondo em prática técnicas subversivas e psicológicas ela tende menos à conquista dos territórios do que à das almas, sem no entanto desprezar as acções armadas, elas próprias, confiadas a comparsas periféricos.

2) Esta confusão é acentuada pelas transformações intervenientes na repartição do poder e dos pólos políticos. Declínio da Europa em busca da sua unidade, ascensão dos Americanos e dos Russos, de acordo com as profecias de Tocqueville, promoção da China e de novos Estados no Terceiro Mundo.

3) A estrutura da sociedade internacional já não é estritamente interestadual. A unidade dominante já não está reduzida ao Estado, mas sim integrada num bloco sócio-cultural mais ou menos animado pelas capacidades de liderança de uma potência. Numerosas são assim as alianças regionais de ordem militar (O.T.A.N., Pacto de Varsóvia), económica (O.C.D.E.), política (Organização dos Estados Americanos, Conselho da Europa, Organização da Unidade Africana). Um novo actor, o Povo, surge em luta contra o Estado pela sua libertação. Finalmente, multiplicam-se os organismos de alcance internacional: associações, grupos de pressão (igrejas, sociedades de capitais, sindicatos), partidos políticos, empresas transnacionais que exercem uma influência real na vida das nações, de forma descontrolada, no entanto, pois o Direito internacional clássico ignora entidades deste género.

b) A crise do Direito das gentes manifesta-se paralelamente ao triplo plano do seu alcance, da sua homogeneidade, da sua estrutura:

1) Tradicionalmente, apenas os Estados eram sujeitos de Direito internacional. Na realidade, as relações interna-

cionais tinham sido interdinásticas até ao século XIX, depois interestaduais após o advento dos Estados-nações. Hoje, não só o volume das actividades privadas com implicação pública aumentou, mas também a opinião pública constitui um factor importante nas relações entre governantes. Todos os meios, incluindo o terrorismo, servem para despertá-la. A psicologia dos povos desempenha um papel crescente onde nada mais intervinha a não ser a acção dos diplomatas. Ora, estes falavam a mesma língua, a de Vattel.

2) A universalidade do Direito internacional vê-se contestada. Os Estados provenientes da descolonização recusam frequentemente um direito de inspiração europeia e cristã, que lhes fora aplicado numa projecção imperialista, e pretendem já não ser destinatários, mas autores de um direito verdadeiramente universal (em 1956, o governo egípcio modifica de forma unilateral o regime do canal do Suez, concebido em 1888 sob a égide do Concerto Europeu e, segundo ele, incompatível com o novo Egipto; em 1961, a Índia invade militarmente os enclaves portugueses no seu território e justifica a sua intervenção através da descolonização, um novo princípio superior ao que prescreve o recurso à força). Entretanto, esses Estados definem as normas fundamentais que reconhecem como os princípios da coexistência pacífica emanados pelos Estados asiáticos, princípios esses bem conhecidos do Direito clássico, mas dos quais pretendem, a partir de então, ser eles os defensores. Além disso, reconhecem todas as novas regras que,

para eles, representam uma *legitimidade* que se opõe à legalidade vigente e se antecipa à legalidade futura. Com efeito, o Direito internacional aplica-se facilmente entre Estados oriundos do mesmo bloco sócio-ideológico, de forma mais incompleta entre Estados secundários, participando de blocos opostos e, ainda mais dificilmente, entre as grandes potências. O facto é que, cada vez mais, as questões jurídicas são alteradas por considerações políticas. O Direito tem um efeito estabilizador: partindo deste princípio, os conflitos recai em sobre a interpretação das normas; mas, numa sociedade internacional em plena crise de desenvolvimento, os maiores litígios dizem respeito não à aplicação da norma mas à norma em si: é então que surgem em oposição as concepções políticas que impõem a definição desta. No entanto, apesar destas contradições, o mundo toma consciência da unidade do seu destino face aos perigos que ameaçam a espécie. A Humanidade reclama o seu direito a gerir as riquezas dos fundos marinhos e a ordenar o meio ambiente.

As Nações Unidas esforçam-se por incarnar esta Humanidade em busca de ordem e de progresso.

3) O Direito internacional ressente-se com a proliferação das organizações internacionais universalistas ou exclusivistas. Certamente que, ao constituí-las, os Estados, sempre preocupados em conservar a sua soberania, não pretendem fundir-se numa unidade de integração que os domine. Mas a necessidade social obriga-os a transferir para a organização uma parte, modesta, é certo, mas não

menos importante, das suas competências para a organização, e o dinamismo desta pode valer-lhe uma influência inter ou mesmo supra-estadual. Por vezes, são instituídos poderes nacionais que colocam os governados, e não apenas os governantes, sob a autoridade da organização: é o que acontece nas Comunidades Europeias. De qualquer forma, a organização internacional, seja qual for o seu grau de integração, tende a fazer surgir estruturas de poder senão frequentemente acima dos Estados, pelo menos ao nível destes. Novos problemas se levantam: estes já não resultam do Direito clássico, Direito essencialmente relacional destinado a reger as relações entre Estados que nenhuma autoridade venha a condicionar, mas de um Direito institucional cuja lógica profunda postule um grau de submissão (variável, mas certo) do Estado aos organismos instituídos. Por conseguinte, o problema doutrinal sobre o fundamento do Direito internacional coloca-se hoje em termos novos.

3. **Um Direito em tensão entre a soberania dos Estados e a organização da sociedade internacional.** — A bem dizer, dois problemas se conjugam: o do fundamento do Direito internacional (de onde extrai ele a sua força obrigatória?) e o das suas relações com o Direito interno (qual dos dois se sobrepõe ao outro?).

As doutrinas mais contraditórias estão em confronto desde o início do século. Neste terreno ambíguo, uns pretendem a justificação da soberania do Estado, os outros esforçam-se por limitá-la e até mesmo por negá-la.

As escolas voluntaristas ensinam a submissão do Estado ao Direito apenas como resultado da sua própria vontade. Para uns, a explicação deste fenómeno encontra-se na autolimitação do Estado pelo Direito (Jellinek); para outros (Triepel), as normas internacionais derivam do conjunto de objectivos pretendidos por tratados que exprimem assim uma vontade nova feita da união das vontades estaduais *(Vereinbarung)*. Do ponto de vista das relações do Direito internacional e do Direito interno, os voluntaristas são naturalmente levados ao dualismo: um compartimento estanque separa as duas ordens. Uma tripla divergência as opõe: a das fontes do Direito – uma resulta do conteúdo internacionalista dos Tratados, a outra da Constituição interna; a dos sujeitos de Direito: Estado para a primeira, indivíduos para a segunda; a das estruturas das ordens jurídicas: uma leva a descentralização ao ponto de recusar toda e qualquer autoridade superior aos Estados, a outra (o Estado) é sempre suficientemente centralizada para que uma autoridade organizada condicione os governados.

A consequência desta separação reside no facto de a validade de um acto estadual não ser afectada pela sua eventual não conformidade relativamente à norma internacional. Alguns autores voluntaristas, no entanto, consideram que o Direito forma um só bloco, mas, neste todo absoluto, o Direito interno sobrepõe-se à norma internacional; o verdadeiro Direito internacional não existe: este não seria mais do que a projecção das normas do Direito interno e, nesse caso, haveria um Direito das gentes americano, um soviético, um francês, etc.

Uma tal doutrina ainda se afigura mais incongruente aos olhos das escolas objectivistas.

Para estas, o Estado não é realmente soberano: a lógica exclui a pluralidade de soberanos; um Estado, ao delimitar as suas próprias fronteiras, deve contar com os seus vizinhos. Além disso, como conciliar soberania e submissão ao Direito? Estas duas noções são antinómicas. Na verdade, os sujeitos de Direito são sempre condicionados por normas que nascem fora deles e os Estados exercem competências que lhe são reconhecidas pelo Direito internacional. Três escolas aparecem para determinar a fonte profunda das normas jurídicas: a do Direito natural crê na prevalência de um pequeno número de princípios gerais comuns tanto a todos os Estados como a todos os indivíduos (respeito pelos compromissos tomados, obrigação de reparar um mal injustamente causado); a escola normativista, seguidora de Kelsen, vê no ordenamento jurídico uma pirâmide de normas: em cada escalão, a norma superior consigna a norma inferior; a constituição é a lei suprema das ordens jurídicas nacionais, mas a norma internacional encontra-se, ela própria, numa posição superior. Enfim, para a escola sociológica, animada por G. Scelle, qualquer sociedade segrega um Direito: este exprime a solidariedade sentida pelo grupo. Ora, todas são sociedades de sociedades: o Estado abrange diversas unidades sociais constituintes (e.g. comunas, departamentos, região) ([1]). Assim sendo, a hierarquia das normas jurídicas encontra

---

([1]) Unidades administrativas francesas (N. da T.)

o seu fundamento nos fenómenos de solidariedade cada vez mais vastos: a solidariedade, existindo à escala da nação exige que a lei nacional que a expressa domine as dos grupos mais restritos. Do mesmo modo, a solidariedade internacional requer a superioridade hierárquica do Direito que a concretiza sobre o Direito interno. As doutrinas objectivistas, e particularmente a última, ligam-se assim a uma visão monista das relações das duas ordens jurídicas, com primazia da ordem internacional.

Consequência: os Estados não podem, nos seus actos internos, ignorar as normas do Direito internacional, estas abrrogam *ipso facto* as normas internas que lhes sejam contrárias e impõem-se ao juiz interno. Os indivíduos podem obter direitos de uma norma internacional; para Scelle, são eles os verdadeiros sujeitos do Direito das gentes. A sociedade internacional não é composta por Estados, mas por indivíduos repartidos por vários grupos.

Será possível optar entre as várias teorias? Isso parece difícil, porque todas elas encaram o fenómeno jurídico internacional como um todo estático. Ora, mais do que qualquer outro, ele é um universo dialéctico onde se defrontam, sem que nenhuma tenha podido triunfar de forma duradoura, forças sociais que participam de filosofias diferentes. A sociedade dos povos não pára de evoluir através destes impulsos contraditórios. E cada uma das teorias acima referidas apenas encontra a sua confirmação num aspecto, situado no tempo ou no espaço, do Direito internacional. O voluntarismo dualista exprime de forma admirável o Direito internacional do século XIX; aquele que se afirma no monismo com primazia do Direito interno encontra perfeitamente a sua confirmação nalgumas pretensões das grandes potências ou dos blocos que apresentam pretensões como direitos aos quais a sua força acaba por impor o reconhecimento dos outros Estados ([1]). Em compensação, as organizações internacionais, apesar da discrição do seu superestatismo, explicam-se mais facilmente pelo monismo com primazia do Direito internacional.

Na verdade, este ecletismo, que corresponde às numerosas contradições da vida internacional, resulta da coexistência de normas de inspirações opostas. Umas foram forjadas numa sociedade relacional que desconhece qualquer autoridade acima dos Estados e inspiram-se no voluntarismo nas suas diversas acepções. As outras evocam estruturas que se aproximam do Direito interno e tendem a introduzir uma certa subordinação dos Estados a um poder institucionalizado.

Assim, o Direito internacional vê-se progressivamente dotado de órgãos próprios que lhe faziam falta no Direito relacional. Certamente que a independência entre os povos pode favorecer o desenvolvimento do Direito das gentes, mas é pela organização que estes progressos podem tomar forma.

---

[1] A doutrina soviética tradicional do Direito internacional, centrada na defesa da soberania do Estado, é essencialmente voluntarista, pelos menos no que respeita às relações entre Estados de sistemas diferentes.

Num intuito didáctico, apresentaremos sucessivamente, em duas partes, as normas da sociedade relacional e as da sociedade institucional, uma vez que elas procedem de princípios jurídicos opostos: umas de um puro direito de coordenação entre unidades justapostas, as outras de um direito de sobreposição aplicável a unidades conjuntas.

Convém, no entanto, não esquecer que, na realidade, estas duas sociedades, tal como as duas cidades de Santo Agostinho, continuam misturadas: a segunda está longe de ter substituído a primeira, os próprios Estados dependem tanto de uma como da outra. A organização começa a tomar forma no mundo dos Estados soberanos. Dois movimentos de sentido contrário traduzem esta dialéctica do poder e do Direito: o Direito relacional, puramente voluntarista, deve, em mais de um ponto, ceder às necessidades do mundo actual que sustenta uma comunidade internacional em vias de formação, enquanto que o Direito institucional, que postula a subordinação dos Estados, pactua ainda largamente com os senhores tradicionais da sociedade internacional ([1]).

Por fim, o fenómeno relacional parece irredutível, e as próprias organizações internacionais utilizam o Direito tradicional nas suas relações mútuas ou nas que mantêm

---

([1]) Esta abordagem situa-se no plano formal das normas e dos orgãos; uma análise aprofundada, incidindo sobre a dialéctica da autoridade e da justiça, foi apresentada no curso de Direito internacional na Academia de Direito Internacional de Haia, *Recueil,* vol. 165, pp. 115-227.

com os Estados. Elas aparecem no Direito das gentes como entidades que têm o seu próprio Direito interno (relações com os seus funcionários) e que mantêm o seu lugar no conjunto das redes internacionais. Assim, deveremos, em conclusão, no intuito de reencontrar a realidade complexa da vida, extrair as interferências principais das duas sociedades.

PRIMEIRA PARTE

O DIREITO DA SOCIEDADE RELACIONAL

Na vasta planície interestadual, não existe qualquer poder acima do dos Estados. Assim sendo, numa sociedade desprovida de orgãos próprios são os orgãos estaduais que são ao mesmo tempo os orgãos da ordem internacional; estes agem por conta do respectivo Estado e por conta de toda a colectividade internacional. Scelle chamava a isto o desdobramento funcional. Em consequência disso, o poder, na sociedade relacional clássica, sempre persistente, apresenta três características: é disperso, incondicionado e violento.

CAPÍTULO I

DISPERSÃO DO PODER

Este encontra-se repartido entre os Estados. Tradicionalmente, o Direito internacional não conhece qualquer outro sujeito para além dos Estados; os indivíduos não podem aspirar a esta qualidade.

I. – O quase monopólio dos Estados

Encontrando-se justapostos, estes unem-se uns aos outros por redes de conexão bilateral.

1. A divisão das terras e dos homens. – Os Estados são os sujeitos primários do Direito internacional. Qualquer criação de entidades extra-estaduais passa por eles: as igrejas, as organizações internacionais não podem ser investidas de competências senão pela vontade dos Estados ([1]) e estes, ciosos dos seus privilégios, só com muitas re-

---

([1]) Viu-se bem isso a partir de 1870, quando, após a anexação dos Estados pontifícios, o Papa conservou competências internacionais que a lei das garantias italiana lhe reconhecia e, depois, em face da sua

ticências dispensam estas faculdades. O fenómeno estadual está longe de ter entrado em decadência: o número de Estados continua a crescer. Politicamente, o prestígio da forma estadual é enorme: este manifesta-se em populações numerosas repartidas por vastos territórios e dotadas de governos poderosos, assim como em pequenas colectividades como é o caso da Trinidade-Tobago ou a de Saint--Cristophe-et-Nevis. Afinal, a população, o território e o governo constituem os três elementos que compõem o Estado.

A) *A população.* — Esta nem sempre é homogénea. Se hoje a nação tende a coincidir com o Estado, o facto é que existem Estados multinacionais, como a União Soviética, em que várias técnicas asseguram uma suficiente coesão política e jurídica. Os indivíduos estão ligados ao seu Estado por um vínculo de obediência e de fidelidade: a nacionalidade.

O Tribunal Internacional de Justiça (no caso *Nottebohm*, 1955) definiu-a como um vínculo jurídico fundado numa solidariedade de interesses e de sentimentos. Certos Estados estabelecem-na a partir do local de nascimento ou da duração da estada *(jus soli)*, outros com base na hereditariedade ou no casamento *(jus sanguinis)*. Assim se distinguem, num Estado, os nacionais e os estrangeiros.

---

recusa persistente deste acto unilateral, as previstas pelos acordos de Latrão de 1929. A doutrina explicou então este facto pela assimilação, apesar da sua exiguidade, da Cidade do Vaticano a um Estado.

A estes últimos o Estado não é de modo nenhum obrigado a abrir as suas fronteiras nem tão-pouco, se os acolhe, a dar-lhes o mesmo tratamento que aos seus nacionais. Estes continuam, aliás, ligados a ele, mesmo quando deixam o seu território.

B) *O território.* — Hoje não se admite a existência de um Estado nómada; a população deve ter um mínimo de estabilidade. De facto, uma base territorial favorece o sentimento nacional. Ainda há pouco tempo, discutia-se a natureza jurídica do território; hoje, admite-se que ele é o quadro do exercício das competências plenas do Estado. Este estende determinadas competências ao exterior, mas a título limitado. No seu território ele é, em princípio, o senhor. Esta análise tem a sua plena aplicação no espaço terrestre e é menos adaptável ao espaço marítimo e aéreo.

a) O território terrestre nem sempre é uno: a Alemanha, antes de 1940, estava dividida em duas partes pelo estreito de Dantzig; o mesmo aconteceu no Paquistão até à secessão do Bangladesh em 1971. No entanto, frequentemente as fronteiras têm linhas geográficas naturais. Outras vezes, estas são estabelecidas por tratados. Embora tratando-se de linhas de separação entre as soberanias concorrentes, são igualmente as zonas de contacto entre os povos e as civilizações. De acordo com as épocas, elas dividem ou aproximam. Ainda que, actualmente, o poder de um Estado já não se confunda com a sua extensão territorial, esta continua a ser objecto frequente de delicadas contendas. Uma outra potência não poderia aí entrar sem autorização, sob pena de se tornar culpada de agressão. Em compensação, pela sua fluidez, o mar parece menos fácil de delimitar e, sobre ele, as pretensões estaduais não cessaram de se afirmar.

b) O espaço marítimo prolonga o território. Todavia, o mar é uma via de relações internacionais e o seu uso deve ser comum a todos os membros da colectividade dos povos.

O mar é o domínio favorito da tensão entre as necessidades impostas pelas comunicações internacionais e as pretensões dos Estados de apropriação soberana. A unicidade do meio marinho não corresponde a homogeneidade do regime jurídico. Se, durante muito tempo, a doutrina discutiu o carácter de *res nullius* ou de *res communis* do mar, estes debates, actualmente apenas dizem respeito ao alto mar. Em compensação, nas zonas costeiras, o chamado mar territorial foi considerado como parte integrante do Estado ribeirinho. Enfim, os portos e as baías constituem o «mar interior». É esclarecedor mostrar, à luz do costume e do regime definido pela Convenção de 10 de Dezembro de 1982, a forma como o Direito marítimo se encontra animado por dois princípios contraditórios que se confrontam nas três zonas evidenciadas pela prática: a liberdade de navegação, o exclusivismo dos ribeirinhos.

a) A regra da liberdade, se reina de forma absoluta no alto mar, prolonga a sua acção no mar territorial e penetra mesmo em águas interiores.

1) O alto mar é livre: a navegação e a pesca estão abertas a todos os Estados, mesmo aos que se encontram desprovidos de zonas costeiras (art. 1º da Convenção sobre o Alto Mar, de 1958). Daqui resulta que a polícia do alto--mar está a cargo de cada Estado, mas unicamente no que respeita aos seus próprios navios. Voltando à jurisprudência do *Lotus,* que havia afirmado o contrário, a Convenção de Bruxelas de 10 de Maio de 1952 e a parte VII da Convenção de 1982 reconhecem a competência exclusiva do Estado a quem pertencem os navios em matéria de diligências penais após o abalroamento no alto mar de um navio estrangeiro. No entanto, com o tempo, os Estados ganharam consciência de certos interesses comuns e aceitaram, por costume ou por tratado, obrigações mútuas, a fim de facilitar a utilização comum do alto mar. Diversas convenções estabeleceram polícias de segurança (prevenção das colisões, assistência aos navios em perigo), de pesca (conservação da ordem nos locais de pesca, protecção das espécies), de conservação das obras (cabos e pipe-lines) e mesmo de moralidade (cabarés flutuantes).

2) A regra da liberdade estende-se à zona económica exclusiva e mesmo ao mar territorial: esta é o objecto, em proveito dos Estados estrangeiros, de um verdadeiro direito de utilização em matéria de navegação; todos os navios, mesmo os navios de guerra, têm o direito de passagem inofensiva. Na Antiguidade, este direito foi proclamado por vários tratados antes de o ser de novo pelo artigo 17º da Convenção de 1982. O fundamento deste direito é tão

indiscutível como o da liberdade dos mares; ele é uma consequência deste: a unicidade do meio marinho impõe que todo e qualquer navio, para não estar condenado a errar perpetuamente no alto mar, se possa refugiar em águas costeiras ou atravessá-las para alcançar um porto ou para se fazer ao mar. O Estado ribeirinho pode promulgar uma regulamentação para esta zona, mas apenas na medida em que isso seja necessário para o interesse geral da navegação e sem estabelecer qualquer tipo de discriminação. Do mesmo modo, deve dar a conhecer os perigos da navegação e nada fazer para a dificultar. Também, só em condições muito restritas, pode eventualmente exercer a sua competência penal e reter um navio. A qualidade de ribeirinho de uma via pública internacional impõe-lhe assim alguns deveres, mas vale-lhe igualmente alguns privilégios. A passagem só é considerada inofensiva quando não compromete a boa ordem e a paz do Estado costeiro; a paragem e a ancoragem só são toleradas se constituírem incidentes ordinários de navegação ou se o navio for obrigado a parar devido a avaria ou por se encontrar em perigo. Com efeito, a liberdade dos mares inspira-se essencialmente no respeito pela circulação marítima: ela postula o movimento. É por isso que o facto de um navio parar sem qualquer necessidade técnica é imediatamente considerado suspeito e a partir daí passa a ser comparado a um navio em águas interiores.

3) Os portos e as baías estão submetidos à regra da liberdade de acesso cujo fundamento é o prolongamento natural do princípio geral da liberdade. Esta beneficia

todos os pavilhões sem discriminação, pelo menos para os navios de carga (Estatuto de Genebra de 9 de Dezembro de 1923). Isso é tanto mais notável quanto é precisamente às águas interiores que a regra da soberania se aplica de forma mais completa.

b) As pretensões dos Estados de encherem o mar de fronteiras, no intuito de alargarem a sua soberania, não pararam de se desenvolver e atingiram, através do mar territorial, o próprio mar alto.

1) Para além do Direito convencional, não se pode concluir pela existência de um princípio consuetudinário que obrigue os Estados a abrir os seus portos ao comércio internacional. O navio de carga que aí se encontre está submetido à competência legislativa e jurisdicional do Estado local, ainda que na prática este só actue se a tranquilidade for comprometida.

2) A Convenção de 1982 reconhece a soberania do Estado ribeirinho sobre o seu mar territorial. Dentro dos limites deste, ele pode proteger os seus mais variados interesses: militares, económicos (pesca, alfândegas), sanitários. As resistências estaduais à liberdade dos mares manifestam-se na delimitação das águas territoriais, questão essa que não havia sido possível resolver nas Conferências de Genebra de 1958 e de 1960. A Convenção de 1982 (art. 3º) vem estabelecer que a extensão do mar territorial não pode ultrapassar as 12 milhas marítimas a contar da linha de base.

3) Tendo surgido pela primeira vez na América Latina, a pretensão dos Estados a uma zona de 200 milhas foi consagrada pela Convenção de 1982: na sua zona económica exclusiva (Z.E.E.), o Estado costeiro dispõe de direitos soberanos com finalidade económica, englobando os recursos vivos e minerais.

4) Depois de 1945, as pretensões dos Estados recaíram sobre a plataforma continental adjacente às suas costas. Uma vez consagrados pela Convenção de Genebra de 1958, os seus direitos soberanos foram reconhecidos até uma profundidade de 200 m. A adopção, em 1982, da noção de Z.E.E. pôs termo a este critério, sendo o solo da zona equiparado à plataforma numa extensão de 200 milhas marítimas, mesmo que, geologicamente, ele se encontre interrompido antes de atingir esse limite. No entanto, a noção de plataforma continental não foi totalmente absorvida pela noção de Z.E.E.: ela conserva a sua autonomia se a geologia a prolonga para além das 200 milhas. Alguns Estados dispõem, assim, de plataformas que podem atingir as 1000 milhas marítimas. A Convenção de 1982 (art. 76º) fixa o seu limite na orla exterior da margem continental. O subsolo da plataforma, frequentemente rico em petróleo, suscita litígios no que respeita à sua delimitação, muitos dos quais foram apresentados ao Tribunal Internacional de Justiça (casos da P.C. do mar do Norte em 1969, da P.C. tuniso-líbia em 1982, do golfo do Maine, entre os Estados Unidos e o Canadá, em 1984, da plataforma de Malta e da Líbia, em 1985), ou à arbitragem

(como foi o caso do mar de Iroise entre a França e o Reino Unido, em 1977, e o caso que opôs a Guiné à Guiné Bissau, em 1985).

5) Para além da jurisdição nacional, a Convenção de 1982, confirmando as resoluções tomadas desde 1970 pelas Nações Unidas, proclama os fundos marinhos internacionais «património comum da humanidade». Esta noção implica a não apropriação, a utilização exclusivamente pacífica desses fundos e a gestão dos seus recursos no interesse da humanidade, tendo em especial atenção os países em vias de desenvolvimento. A Convenção de 1982 (parte XI) previu uma Autoridade dotada de poderes supra-estaduais para organizar a exploração e a preservação do património. Partindo do princípio de que este sistema seria dominado pelo Terceiro Mundo, os Estados Unidos, a R.F.A, o Reino Unido, além de outros países industrializados, recusaram-se a assinar a convenção e, imitados por países signatários não afectados por um texto que ainda não tinham ratificado (França, Japão, U.R.S.S.), promulgaram legislações nacionais que habilitavam as suas empresas a empreenderem a exploração das áreas de nódulos plurimetálicos que constituem o maior recurso dos fundos oceânicos.

Com base no regime provisório, previsto pela Convenção, a execução do sistema contido na parte XI permanece subordinada à adesão das grandes potências que terão de suportar a maior parte das despesas. Uma comissão estabelecida em Kingston (Jamaica) concede aos «primeiros investigadores», provenientes dos países signatários, licenças sobre determinadas áreas.

c) O domínio aéreo estende-se, em princípio, ao espaço que cobre o território. Para o sobrevoar é pois necessário o consentimento do Estado. No entanto, o desenvolvimento do tráfego aéreo internacional levou os Estados a instaurar um regime convencional; segundo a Convenção de Chicago (7 de Dezembro de 1944), o sobrevoo, praticamente livre para os aviões civis das potências signatárias, está subordinado a autorização no que respeita aos aviões militares. Se as escalas impostas por uma necessidade técnica são admitidas, as destinadas à exploração comercial são objecto de acordos particulares de Estado para Estado. O problema mais árduo diz respeito aos limites verticais do espaço aéreo, hoje postos em causa pelos mísseis e engenhos de navegação espacial ([1]). O Tratado de 1967 consagra a liberdade do espaço, a submissão ao Direito internacional das actividades espaciais, a imputação dos danos e a cooperação internacional ([2]).

([1]) Cfr. CHAUMONT, *Le droit de l'espace,* Ed. "Que sais-je?", nº 883.

([2]) É o caso do Antárctico, para o qual o Tratado de 2 de Dezembro de 1959 estabelece um regime original entre os doze Estados interessados no continente austral. Este tratado foi completado, em 1980, por um novo acordo no que respeita à fauna e à flora e pelo Tratado de 2 de Junho de 1988 no que respeita à exploração dos recursos minerais (ainda não ratificado).

C) *O governo.* – Este constitui a verdadeira estrutura estadual que assegura as funções sociais: legislação, governo, jurisdição. Ordenados segundo uma determinada concepção política, os poderes públicos do Estado dispõem do direito da última palavra: é isso o que os distingue das autoridades comunais ou departamentais, as quais se exercem sobre colectividades territoriais, mas a título subordinado. O governo competente no seu território, relativamente ao resto da sociedade internacional, exerce a sua competência no exterior nas suas relações interestaduais ou sobre os seus navios públicos no alto mar. Este é composto de indivíduos, mas a teoria da personalidade moral permite atribuir ao Estado, titular da personalidade internacional, os direitos e obrigações aprovados por sua conta por determinadas pessoas físicas, órgãos do Estado.

2. **Os órgãos de conexão.** – No meio do vasto desmembramento da sociedade interestadual, as únicas autoridades existentes são as dos Estados, poderes ao mesmo tempo nacionais e internacionais que estabelecem entre eles diversas conexões permanentes num plano bilateral. O mundo está assim coberto por uma densa rede de vínculos diplomáticos horizontais.

Os Estados determinam discricionariamente os agentes competentes para assegurar esses vínculos. Alguns são órgãos de concepção agindo como uma central difusora de uma corrente política para agentes de transmissões dispersos.

A) *Os órgãos centrais.* — A sede dos geradores da actividade relacional encontra-se nos executivos, eles próprios, mais ou menos estreitamente colocados sob a indução das Assembleias. Os poderes respectivos do Chefe de Estado e do Chefe do Governo variam sensivelmente no domínio das relações exteriores. Aliás, em alguns países (Estados Unidos), estas duas autoridades são uma só. Mas a generalidade de práticas seculares permite destacar os traços principais do regime dos agentes de relações.

a) O Chefe de Estado conservou, da época monárquica, uma significação simbólica, mesmo nos países de regime parlamentar onde tem um poder reduzido. É sempre junto dele que são acreditados os representantes diplomáticos e é ele quem acredita os agentes enviados para o estrangeiro. A sua pessoa é objecto de uma protecção especial se deixa o país e goza de uma imunidade judiciária absoluta perante os tribunais estrangeiros.

b) O Ministro dos Negócios Estrangeiros, que tradicionalmente não tinha qualquer valor representativo, passou a assumir um papel importante a partir da última guerra. Ele pode mesmo, pela sua palavra ou assinatura, vincular o Estado. A extensão da sua acção política manifesta-se pela prática crescente das conferências de Ministros dos Negócios Estrangeiros. Do ponto de vista interno, coordena a acção internacional cada vez maior dos outros Ministros (da Defesa, da Economia ou nomeadamente do Trabalho) e, como chefe da administração diplomática, recebe a correspondência dos seus agentes e envia-lhes as injunções do governo.

B) *Os órgãos de comunicação.* — São os que constituem as missões diplomáticas no estrangeiro. Os agentes diplomáticos, funcionários e não governantes são submetidos à autoridade hierárquica do seu ministro. Originariamente episódica, a representação diplomática tornou-se permanente a partir do século XVII.

a) O estatuto dos agentes diplomáticos foi estabelecido pela Convenção de Viena de 18 de Abril de 1961, substituindo os textos de 1815 e de 1818. As missões podem ter por chefes: 1) embaixadores ou núncios; 2) enviados especiais, ministros ou internúncios; 3) encarregados de negócios que, ao contrário dos agentes anteriores, são acreditados junto do Ministro dos Negócios Estrangeiros e não do Chefe de Estado. As embaixadas compreendem numerosos peritos em diversas matérias. Como resultado da ocorrência de alguns abusos, a Convenção dá ao Estado que acredita estes representantes o direito de exigir um efectivo limitado considerado por ele como normal. A tarefa destes agentes é essencialmente relacional: representação, negociação (ainda que neste ponto sejam frequentemente suplantados pelos ministros), informação, protecção dos nacionais. O seu estatuto continua dominado pelas palavras de Montesquieu, para quem os embaixadores são «a palavra do príncipe que os envia, e esta palavra deve ser livre». Para o efeito, beneficiam de dois tipos de privilégios ligados à sua função: 1) a inviolabilidade protege, em princípio, o agente diplomático, a sua mulher e os seus filhos contra todo e qualquer acto de coacção e a Embaixada contra toda e qualquer medida de execução judiciária ou policial ([1]). Compete ao chefe da missão entregar o criminoso que esteja a ser procurado e que se tenha refugiado nas dependências desta. O direito de asilo político apenas existe entre alguns Estados latino-americanos; 2) a imunidade de jurisdição, que coloca essas mesmas pessoas ao abrigo de qualquer acção civil, administrativa ou penal, faz-se acompanhar igualmente de uma imunidade fiscal em matéria de imposto directo. A sua situação é, pois, mais favorável do que a dos cônsules.

b) Os cônsules não estão encarregados de representar o Estado, mas simplesmente de facilitar a estada dos seus nacionais no estrangeiro. Estão em contacto com as autoridades locais e não com o governo do Estado, o qual se limita a dar-lhes o seu consentimento através do *exequatur*. Distinguem-se duas categorias: os cônsules de carreira e os cônsules comerciantes, frequentemente da nacionalidade do Estado de residência. Encarregados de uma função informativa e de ligação, velam pela aplicação dos tratados de comércio. Além disso, assumem funções administrativas, são oficiais do registo civil, desempenham o papel de notários, exercem poderes de polícia nos portos sobre os navios com o pavilhão do seu Estado. Todas estas

---

[1] Este estatuto foi reafirmado pelo Tribunal Internacional de Justiça no caso do pessoal diplomático e consular dos Estados Unidos em Teerão, *Recueil C.I.J.*, 1980.

funções, codificadas pela Convenção de Viena de 24 de Abril de 1963, explicam-se pela pobreza jurídica do indivíduo na sociedade interestadual: este não pode ter acesso à vida internacional, na ordem do Direito Público, a não ser por intermédio dos agentes do seu Estado.

II. – A exclusão do indivíduo do Direito Internacional Público

O homem, pessoa privada, está exilado na sociedade dos Estados. O diálogo entre o homem e o Estado desenrolou-se no interior das mesmas fronteiras: a democracia foi instituída à medida do Estado. Foi a ele que o homem confiou a sua conservação, e a sua participação na vida internacional não foi senão mediata.

A) No entanto, no plano dos deveres para com a Comunidade das Nações, o homem foi, desde bastante cedo, abrangido pela lei penal internacional. Fez assim uma entrada colorida, na ordem jurídica internacional, sobre a ponte de um navio saturado de odores de pólvora misturados com o pez dos brulotes: o pirata, rompidas todas as amarras com uma determinada soberania, foi declarado criminoso pelo Direito das gentes. Mais difícil foi punir os que tinham cometido crimes contra a humanidade sem se desligarem do Estado: este era o único atingido, principalmente na sua consistência territorial. Quando, após o primeiro conflito mundial, se decidiu julgar os criminosos de guerra, foi ao Estado que se pediu para o fazer ([1]). Titular da coacção, o Estado é também o dispensador dos benefícios eventualmente outorgados ao homem pelo Direito das gentes.

B) O carácter indirecto das garantias que o Direito das gentes concede aos particulares é demonstrado por uma prática secular: a protecção dos nacionais no estrangeiro. Mesmo que um indivíduo sofra danos num país de residência e que as autoridades desse território se recusem a repará-los, ele não tem o direito de recorrer a uma instância internacional. Depois de esgotados todos os recursos internos no Estado de residência, apenas poderá recorrer ao seu próprio governo para lhe pedir o seu apoio. Estará assim à mercê do seu Estado; porém, algumas considerações políticas incitá-lo-ão por vezes ao abandono ou a uma compensação mais satisfatória para a honra nacional do que para a reparação equitativa do dano sofrido. Durante muito tempo, os tratados não se preocuparam com questões políticas ou comerciais. É certo que, desde o século XVI, os Tratados de Capitulação entre Francisco I e Soliman garantiam aos cristãos o exercício da sua liberdade e dos seus direitos em território otomano. As violações mais flagrantes e maciças dos direitos da pessoa humana motivaram

---

([1]) O tribunal instituído em Nuremberga em 1945 não representa mais do que um exemplo imperfeito de instância internacional. Do mesmo modo, as convenções de Tóquio (1963) e da Haia (1970) sobre o desvio de aviões deixam aos próprios Estados o poder de

as intervenções humanitárias desencadeadas pelas grandes potências, nomeadamente nos países do Próximo Oriente. É no século XVII que se vê mais nitidamente o homem surgir como destinatário de alguns acordos entre Estados: através deles, inicia-se uma certa humanização do Direito das gentes. Esta desenvolve-se a vários níveis: protecção sa nitária (contra as epidemias, a partir de 1852), luta contra a escravatura (Convenção de Genebra de 1925), protecção das minorias (os Tratados de 1920 impunham a alguns Estados uma regulamentação a seu favor) ou das populações civis (Convenções da Cruz Vermelha de 1949), salvaguarda da dignidade da pessoa humana e da sua integridade física (Convenção de 1984 contra a tortura e outras penas ou tratamentos cruéis, desumanos e degradantes).

Esta orientação do Direito relativamente às necessidades internacionais do indivíduo respeita o monopólio de acção dos Estados. Afinal, é deles que depende a sorte do homem. Portanto, no que diz respeito à sua conduta, os Estados não sofrem qualquer entrave para além daqueles que eles próprios aceitaram.

CAPÍTULO II

INCONDICIONAMENTO DO PODER

A fórmula chocará: será que ela não reduz a nada o Direito das gentes? Com efeito, ela significa que este Direito é essencialmente voluntarista e que nenhuma obrigação originária se impõe aos Estados se eles não tiverem subscrito com a sua participação um costume ou um tratado. Daqui resulta que o poder do Estado tem, a este respeito, três características: é supremo, espontâneo, libertário.

I. – O poder do Estado, poder supremo

A especificidade do Estado, por oposição às circunscrições administrativas internas ou outras entidades internacionais, reside na faculdade de se pronunciar, em todos os domínios, com o poder da última palavra: a isso se chama soberania. Numa sociedade dispersa, esta não conseguiria colocar um Estado acima dos outros nem tão-pouco conferir um título ao domínio universal. Ela significa que, na regulamentação dos diversos problemas que marcam o seu destino, um Estado não pode aceitar a imposição de uma autoridade exterior e superior. Juridicamente, nem a sociedade internacional, desprovida de órgãos próprios, nem os outros Estados, podem prevalecer sobre ele. A primazia do poder do Estado na ordem internacional reduz--se, pois, à igualdade de todos perante o direito de estabelecer a sua própria conduta. Poder supremo, porque nada o subordina, mas, igualmente, poder que se justapõe a outros com a mesma pretensão: a soberania tem por corolário a igualdade dos Estados. Não obstante as diferenças reais, a sociedade jurídica interestadual é feita de gigantes. A todo o momento, é certo, a realidade evidencia a condição irrisória de muitos deles, mas, a nível dos princípios, visto serem anteriores ao Direito, todos eles estão qualificados para o definir.

1. **A dupla noção de soberania.** – A) A soberania é uma noção política e confunde-se com a independência, valor consagrado. Expressa sobretudo a autonomia dos governantes do Estado que agem sem ter de suportar as injunções de um Estado terceiro. A autonomia implica recusa. Esta impõe-se opondo-se. No plano político, tem uma força considerável, porque não só se alimenta de patriotismo como também das suas excrecências: nacionalismo, xenofobia e até mesmo racismo. É certo que o seu triunfo nunca é absoluto. Nos nossos dias, a emancipação dos povos e o seu acesso à independência estadual, na maior parte das vezes, não é senão uma mudança nos

instrumentos ou nos sinais de servidão: ao domínio do tambor, da bandeira, do procônsul substitui-se ou sobrevive o do homem de negócios ou o do perito especializado. Não importa, o povo pode não ser livre, mas o Estado é independente.

B) Em que consiste essa independência relativamente ao Direito? Ch. Rousseau vê nela três elementos: 1) a plenitude, isto é, competências cujo conteúdo não sofre qualquer limitação: o Estado pode ocupar-se de todos os problemas levantados pela vida social, oferecer a si próprio o regime político que escolheu ou mudá-lo; 2) a autonomia, rejeição da influência exterior; 3) a exclusividade, monopólio das autoridades do Estado no interior das suas fronteiras. Nem todas estas características têm a mesma repercussão internacional. Que o Estado tenha uma competência plenária e seja o único a agir, é natural, mas que disponha igualmente de uma competência discricionária nas suas relações com os outros, sem que haja qualquer acordo prévio, isso só evidencia a anterioridade do Estado relativamente ao Direito.

a) O exclusivismo do poder do Estado encontra a sua expressão mais concreta no território. Exclusivismo orgânico: os actos de regulamentação (T.P.A., 1910, *Pescarias do Atlântico*), de coacção e de jurisdição apenas podem emanar dos seus órgãos. O monopólio da coerção (prisão, constatação de um delito ou de um crime) é o ponto mais sensível da soberania territorial. A função executiva põe em jogo o *imperium*, a utilização da força; ora, o Estado tem o monopólio da violência legítima. Assim se explica uma prática como a da extradição (se um malfeitor se refugia num outro Estado, ele não pode ser aí perseguido pela autoridade do local do delito, mas somente pelo Estado em que se refugiou, o qual poderá extraditar o fugitivo), ou como o *exequatur* dos julgamentos estrangeiros (não executórios enquanto o Estado em que deveriam ser executados não os aceitar).

No entanto, circunstâncias particulares podem levar um Estado a tolerar ataques à sua exclusividade: 1) pelo reconhecimento de uma competência extraterritorial: os tratados de capitulação concluídos durante o Império Otomano atribuíam aos cônsules poderes de administração sobre os seus nacionais que iam até ao direito de captura e de expulsão. Um exército em território estrangeiro tem poderes jurisdicionais sobre os seus membros. O desenvolvimento da política das bases estratégicas aumentou singularmente estas excepções. Em princípio, a competência do Estado cedente não cessa totalmente no território da base; 2) pelo estabelecimento de uma dupla competência num mesmo território: caso do protectorado ou do condomínio, hoje praticamente desaparecidos. Estas várias limitações à exclusividade do seu poder são consentidas pelo Estado em acordos; o princípio da soberania não é, portanto, atingido e, além disso, a jurisprudência internacional tem recordado muitas vezes que «as limitações da independência do Estado não se presumem» (Acórdão nº 9 do Tribunal Permanente de Justiça Internacional) e devem ser interpretadas de forma restritiva. Se o Estado é o único qualificado para agir, será que o faz livremente? Passa-se da pergunta «quem?» à pergunta «como?».

b) A soberania é discricionária: nas mais variadas matérias, o Estado determina como entende a sua atitude em relação aos outros. Esta liberdade ultrapassa o seu território, permitindo-lhe não só fixar o estatuto dos estrangeiros, como também as normas da sua nacionalidade ou a orientação da sua política externa. Foi precisamente sobre este aspecto da primazia do Estado que se concentraram as críticas mais severas da doutrina hostil à soberania. Estas denunciaram a sua antinomia com o conceito de Direito.

2. A soberania em discussão. – Apenas uma única soberania é admissível, a do Direito. Este pressupõe a substituição da noção de competência pela de soberania. Em vez de um poder incondicionado, anterior ao Direito, esta é uma faculdade de agir ou de não agir definida e concedida pelo Direito (Scelle). A competência pode ser vinculativa se o Direito impuser uma determinada atitude; pode ainda ser discricionária se ele tornar o agente jurídico senhor do seu comportamento neste ou naquele domínio, mas separa-se radicalmente da soberania, pois este domínio é ele próprio delimitado pelo Direito. Esta doutrina que afirma a primazia do Direito internacional é a única coerente; defende que é ao Direito que cabe estabelecer a competência dos Estados, mas toma um sentido diametralmente oposto ao da sociedade relacional clássica e tende a lançar no terreno do voluntarismo fermentos objectivistas, cujo triunfo deveria logicamente conduzi--la ao estádio internacional. Por isso, este trabalho doutrinal não é inútil, pois obteve êxitos que não são de desprezar, nomeadamente no que diz respeito à jurisprudência.

Três acórdãos podem resumir esta evolução. O *Lotus,* navio mercante francês, após ter abalroado e afundado no alto mar um barco turco, dirigiu-se para Constantinopla; as autoridades turcas prenderam o imediato que se encontrava de serviço na altura do acidente. O governo francês retorquia que o Direito internacional consuetudinário proíbe a extensão da jurisdição repressiva a actos cometidos no alto mar sobre um navio arvorando pavilhão estrangeiro. Depois de ter recorrido ao voto do presidente para desempatar os juízes, o Tribunal Permanente de Justiça internacional considerou que a Turquia não tinha violado as suas obrigações internacionais: o Direito das gentes não é a fonte da repartição das competências entre os Estados. Este só constituiria eventualmente uma limitação a essas competências se o Estado tivesse concluído algum Tratado. «As normas de Direito que unem os Estados procedem portanto da vontade destes», declara o Tribunal. Este acórdão foi objecto de violentas críticas não só de ordem teórica, mas também prática: perante duas pretensões estaduais opostas, o juiz não dispõe de qualquer referência que as transcenda; por outro lado, se estas tiverem o mesmo fundamento, isso é o mesmo que condená-lo à denegação de justiça.

No caso das *pescarias* (1951), o Tribunal Internacional de Justiça (que sucedeu em 1945 ao T.P.J.I.) assinalou um retrocesso do voluntarismo. Punha-se uma questão de delimitação de competência, não jurisdicional, mas territorial. A Grã-Bretanha sustentava que a Noruega havia procedido ao traçado do mar territorial em condições adversas ao Direito internacional. Segundo o Tribunal, «a delimitação dos espaços marítimos tem sempre um aspecto internacional; esta não poderia depender unicamente da vontade do Estado ribeirinho, nos termos em que é expressa em Direito internacional. Se é verdade que o acto de delimitação é necessariamente unilateral, pela simples razão de que só o Estado ribeirinho tem qualidade para a ele proceder, por outro lado a validade da delimitação em relação aos Estados terceiros depende do Direito internacional». Esta jurisprudência viria a obter confirmação em 1955 com o caso *Nottebohm*, em matéria de nacionalidade. Esta afecta por natureza uma dimensão internacional; no entanto, o facto de cada um dos Estados ter pretensões à soberania na sua definição unilateral, faz com que se criem conflitos insuperáveis. O Tribunal decidiu que a nacionalidade só é oponível aos outros Estados se tiver sido atribuída em conformidade com determinados princípios do Direito internacional.

Esta jurisprudência é do maior interesse, mas tem-se consciência dos seus limites: 1) a primazia do Direito internacional, vista deste modo, é puramente normativa. Não é reforçada por uma hierarquia orgânica que, tal como na ordem interna, venha garantir o respeito pelas normas superiores; 2) o reconhecimento desta primazia do Direito é apenas eventual e fica subordinado à vontade do Estado, uma vez que, na sociedade interestadual, o direito de citação directa é desconhecido e o recurso ao juiz depende do acordo entre as partes; 3) nestas condições, cada uma delas tem o direito de apreciar uma situação ou um acto jurídico e de os qualificar, tal como lembrou o T.I.J. no caso *Haya della Torre* (acórdão de 20-11-1950). Assim se explica que o aparecimento de um Estado novo possa provocar reacções muito diferentes da parte dos outros e que, se exprime forças sociais efectivas e organizadas, não tenha necessidade de ninguém para se afirmar no seio da colectividade inter-estadual.

II. – O poder do Estado, poder espontâneo

1. Efectividade do nascimento. – O nascimento e o desenvolvimento do Estado pertencem primeiro que tudo ao domínio do real: o Estado só pode reivindicar o reconhecimento jurídico se existir efectivamente. Na ordem internacional, a existência precede a essência. Se esta é efectiva, ninguém lhe pode contestar a existência. Esta exigência de efectividade traz um elemento objectivo a uma sociedade internacional dominada pelo subjectivismo; sejam quais forem as pretensões dos governos, estas deparam com a realidade positiva: um novo poder que surge, independentemente de isso lhes agradar ou não.

Se surgir um novo Estado ou se, num Estado já existente, uma revolução derrubar o governo legal, isto não vai deixar indiferentes os outros governos: afinal, um dos titulares do poder no seio da colectividade interestadual acaba de mudar.

Estas duas séries de acontecimentos alteram a repartição do poder à superfície do Globo: múltiplos problemas políticos e económicos colocam-se perante os outros Estados, cujos interesses podem ser favorecidos ou postos em causa por eles. E certamente que por vezes esses Estados vão desejar contrariar uma força política nascente, hostil, sendo a sua primeira reacção tentar ignorá-la. Ora, o alcance do reconhecimento foi uma questão bastante discutida. Para alguns, este seria constitutivo e teria por objectivo conferir a validade jurídica ao recém-chegado. Teoria ilógica, com efeito, uma vez que não se percebe muito bem como poderia este, não existindo em termos de Direito, concluir um tratado cujo objectivo seria precisamente o seu próprio reconhecimento; teoria contestada pela História, da qual o Estado é um produto: a partir do momento em que este existe efectivamente, de nada serve encobri-lo. Por exemplo, pode-se não reconhecer o Estado de Israel, mas é impossível abordar as suas costas sem a sua permissão, tal como não se poderia ir a Pequim sem o consentimento do governo aí instalado. Mais realista é a concepção que vê no reconhecimento um alcance declarativo: esta constata um poder efectivo, sem que por isso estabeleça um juízo de valor. É a atitude tradicionalmente afirmada pelo governo britânico e pelos Estados latino-americanos.

Na verdade, o reconhecimento é uma instituição típica do Direito relacional e tem um duplo significado: 1) através dele, um Estado admite que a situação recentemente estabelecida se lhe opõe; 2) dá igualmente a conhecer a sua intenção de estabelecer relações normais com um novo parceiro.

Assim se explica o carácter relativo do reconhecimento:

2. Relatividade do reconhecimento.

— Todos os Esta-dos são livres para apreciar de maneira diferente o aparecimento de um novo poder, para decidir ou recusar estabelecer com ele relações normais. Considerações políticas diversamente sentidas darão assim à sociedade internacional o seu carácter heterogéneo, sendo um mesmo facto objecto de abordagens diferentes. Daí a ausência de formas para esta operação: rápida ou lenta (alguns minutos após a sua criação, Israel é reconhecida por Washington que levou vinte anos até conseguir estabelecer relações com o governo de Pequim, no poder desde 1949), expressa (numa afirmação unilateral, num tratado) ou tácita (envio de representantes diplomáticos). Daí igualmente para alguns Estados, insuficientemente convencidos da efectividade do fenómeno, o recurso ao processo dilatório do reconhecimento de facto, provisório e imperfeito. A rede das conexões relacionais poderá permanecer incompleta e sofrer diversos cortes, que poderão ir escasseando sob o peso crescente da efectividade do poder novo.

Esta relatividade do reconhecimento demonstra, ao mesmo tempo, a soberania de cada Estado e a sua liberdade na escolha de uma atitude perante o acontecimento, como é o caso da espontaneidade do nascimento do Estado ou da ascensão do governo. O reconhecimento é um acto discricionário na sua decisão e relativo nos seus efeitos. O aparecimento do poder, inoponível só por si aos outros Estados, é no entanto indiscutível se for efectivo, sendo, nesse caso, simultaneamente singular e objectivo.

É precisamente por essa razão que o poder do Estado é espontâneo: sejam quais forem os interesses que possa retirar do seu reconhecimento por parte de alguns Estados, com os quais estabeleceria frutuosas relações, o facto é que não deverá a ninguém a sua validade jurídica. O Estado é o aluvião da História. Uma vez que detém a efectividade, sustida por forças sociais sólidas, não tem que mendigar o seu direito à vida. Esta é uma das consequências do carácter disperso da sociedade interestadual: 1) com efeito, para ela não existe uma legitimidade capaz de ordenar os tronos e os domínios. Qualquer forma estadual, qualquer regime político é admissível para o Direito internacional. A própria ideologia democrática, apesar da sua expansão, não poderia pretender, se não fossem as muitas acepções de que é susceptível, a reinar no mundo. A partir de então, a cada um a sua própria legitimidade. É certo que neste pirandelismo das verdades políticas cada um tentará impor a sua. Também se verifica em alguns Estados um processo cominatório: a ameaça de não reconhecer Estados ou governos constituídos mediante determinadas condições definidas *a priori*. Os Estados Unidos afirmaram assim, em 1932, aquando da constituição do Estado de Manchoukouo pelo Japão, a doutrina de

Stimson, estabelecendo o princípio do não reconhecimento das situações de facto contrárias ao Pacto de Renúncia à Guerra (chamado «Pacto Briand-Kellog»), de 1928. Esta fórmula (que se inspira nitidamente na concepção monista com primazia do Direito interno), ainda que proclamada diversas vezes consecutivas, não pôde impor-se do mesmo modo que a doutrina de Tobar que, em 1907, havia levado o Equador a propor aos Estados latino-americanos o não reconhecimento das mudanças de governo revolucionárias. Um Estado não pode impor a projecção da sua própria concepção de legitimidade ao resto do mundo, a não ser que aspire ao Império mundial. Para que não se produzisse esse choque de legitimidades, seria necessária uma sociedade internacional suficientemente unificada ideologicamente e dotada de órgãos qualificados para fazer um reconhecimento em nome de todos os seus membros, o que, precisamente, não existe na ordem relacional. O único critério que permanece na prática é, pois, o da efectividade, o qual pressupõe legitimidade; 2) a partir do momento que existem, o Estado ou o governo têm por vezes um peso tal que obriga aqueles que não os reconheceram a estabelecer com eles relações que podem ser importantes (conferências de Genebra a partir de 1954, nas quais tomaram parte os Estados Unidos e a China comunista). Todo um farisaísmo jurídico vem então camuflar relações que o Estado que recusa um reconhecimento oficial é, porém, obrigado a aceitar: envio de representantes qualificados, de agentes técnicos e não diplomáticos, conclusão de acordos. De modo inverso, o Estado não reconhecido não pode alegar o seu não reconhecimento para cometer um delito internacional ou negar a sua responsabilidade.

Assim, ainda que cada Estado aprecie livremente a efectividade, esta, com o tempo (variável segundo as conjunturas) acaba por se impor e atribuir ao Estado recentemente criado o seu lugar na sociedade dos Estados. Pela sua simples qualidade de Estado, ei-lo soberano. Daí esta impressão de mosaicos de reconhecimentos e de não reconhecimentos que oferece uma sociedade internacional onde cada um procura impor apenas a sua vontade.

III. – O poder do Estado, poder libertário

O termo libertário sugere anarquia. Mas esta, tal como demonstrou Proudhon, não significa ausência de Direito. Recusa simplesmente um direito de subordinação cujas normas recaem directamente sobre os sujeitos, os quais estão, como se diz, «sob a alçada da lei». Em compensação, admite um direito voluntário, procedente de contratos concluídos livremente, um direito lateral ou de coordenação. Tal é a sociedade relacional clássica.

O Direito voluntário encontra a sua expressão mais pura nos tratados internacionais. De facto, estes ocupam o primeiro lugar na enumeração das fontes do Direito internacional feita pelo artigo 38º do Estatuto do Tribunal Internacional de Justiça. Seguem-se-lhe o costume e os princípios gerais de Direito. É necessário, aliás, que se possa opô-los abertamente aos acordos, excluindo destas duas últimas fontes todo e qualquer elemento voluntário ([1]). A codificação do Direito dos tratados, preparada pela Comissão do Direito internacional das N.U., foi efectuada pela Convenção de Viena de 23 de Maio de 1969.

1. O costume e os princípios gerais de Direito.

— Na definição de cada uma destas fontes aparece o consentimento dado pelo Estado. O costume é «a prova de uma prática geral reconhecida como sendo de Direito», os princípios gerais são «reconhecidos pelas nações civilizadas». O reconhecimento dos Estados vem assim afirmar a validade e a oponibilidade relativamente a estes de uma determinada prática enquanto norma de Direito. Esta encontra-se no coração das análises clássicas da doutrina e dos princípios.

A) O costume, aqui como em qualquer outra parte, dá origem a um elemento material — repetição de uma série de factos positivos ou de abstenções, e de um elemento moral que é precisamente a sua aceitação por parte dos Estados como sendo obrigatório, o que distingue o costume do uso de cortesia. Os objectivistas, no intuito de restringirem o alcance do Direito voluntário, apresentam

---

([1]) Segundo o Tribunal Internacional de Justiça (caso *Nicarágua — Estados Unidos,* 27 de Junho de 1986), a incorporação de uma norma consuetudinária numa convenção não afecta a sua aplicabilidade enquanto costume.

o costume como uma fonte original, distinta do tratado. A repetição é essencial: o costume desenvolve-se, tal como um trilho na floresta pela acumulação de pegadas. Esta explicação é notável pelo fundamento sociológico que dá ao fenómeno: de uma camada subjacente de juridicidade ainda por exprimir (necessidade social sentida de maneira confusa), acaba por brotar uma fonte natural que se transforma num rio. Isto é incontestável. Por um lado, em Direito internacional, o costume é constituído não por uma massa de indivíduos, como no Direito privado interno, mas pelos governantes dos Estados, isto é, por órgãos conscientes de comprometer o Estado através dos seus actos; por outro lado, apesar do elemento material, objectivo, é preciso contar com o facto de que os Estados dão preferência ao elemento voluntário sempre que lhes interessa. Para eles, como pensam os voluntaristas, o costume é uma convenção tácita. As práticas repetidas recebem o carácter de Direito positivo, desde que sejam reconhecidas. O artigo 38º do Estatuto do próprio Tribunal vê no costume a prova da aceitação de uma prática como sendo de Direito. E o T.I.J., no caso *Haya della Torre*, em 1950, admitiu que o não reconhecimento impedia a formação de um costume. O problema reveste importantes interesses práticos. Será que um Estado novo pode recusar um costume em cuja criação não participou? Em 1917, a U.R.S.S. fez valer o carácter original do Estado socialista para recusar determinados costumes do Direito internacional e, especialmente, aquele que mantém um governo, procedente de uma revolução, submetido às obrigações internacionais contraídas pelos antigos dirigentes do país. A descolonização suscitou reacções análogas.

O alcance de um costume é função das forças sociais efectivas. A oposição de um Estado poderoso ou de um grupo de Estados poderá reduzir a sua expansão territorial. Assim se explica a existência de costumes regionais a par de costumes universais. Mas o facto é que não parece nada fácil distinguir estes últimos dos princípios gerais.

B) Os princípios gerais de Direito foram introduzidos no Estatuto do Tribunal com o objectivo de permitir ao juiz exercer uma função dinâmica susceptível de favorecer os progressos do Direito. Os princípios seriam normas de carácter mais geral do que as normas consuetudinárias, mais concretas. A sua natureza é, na verdade, ambígua. São, a bem dizer, normas internacionais como as da igualdade dos Estados, da boa fé, do dever de reparar danos causados por actos ilícitos, do respeito pelo juramento prestado. Mais valia então falar de princípios do Direito internacional, os quais são costumes internacionais, para os distinguir dos princípios gerais de Direito, na base dos diferentes sistemas de Direito nacionais e formando o fundamento comum dessas legislações (princípios de fundo, mas sobretudo processuais; ex.: em qualquer processo a prova compete ao requerente). Será que esta fonte traz realmente um fermento objectivo, permitindo vincular os Estados contra a sua vontade? Realmente não parece. Com efeito, a jurisprudência mostra-se bastante reticente na invocação dos princípios do Direito internacional:

apenas põe de parte a sua reserva relativamente àqueles que inspiram considerações de humanidade (T.I.J., *Estreito de Corfu*, 1949), ou para recordar uma norma eminentemente voluntarista: um Estado não pode ser coagido à arbitragem sem o seu acordo (T.I.J., *Ambatielos*, 1953). Quanto aos princípios de Direito, estes não são realmente comuns à universalidade dos Estados, sobretudo quando o seu número aumenta consideravelmente e faz emergir na vida internacional civilizações que anteriormente se encontravam fora dela. Também no caso de Goa, que opôs um Estado do Terceiro Mundo, a Índia, a Portugal, o T.I.J. decidiu que não podia invocar um direito de passagem tendo por base o regime ocidental dos enclaves.

Estes princípios só podem vigorar entre Estados aproximados por culturas vizinhas e que concordam aceitá-los em comum.

2. Os acordos internacionais. — Manifestação formal da união das vontades estaduais, foram, durante muito tempo, considerados pela doutrina como contratos e, o facto é que as chancelarias ficam muitas vezes presas a esta análise, quando se trata quer de tratados bilaterais quer de acordos multilaterais. No entanto, em relação ao conteúdo das convenções, opõem-se tradicionalmente os tratados-normativos aos tratados-contratos. Enquanto estes garantem a conjunção de vontades com objectivos diferentes (compra-venda), os tratados-normativos juntam Estados visando o mesmo fim e subscrevendo as mesmas obrigações. O contrato cria uma situação objectiva (aliança, cessão de território, acto de estabelecimento) e o segundo define uma regra geral do tipo da lei. Esta distinção não tem qualquer interesse, pois a força obrigatória de uma e outra categoria é a mesma e, em todos os casos, o Estado é senhor do seu compromisso. Ora, todo o regime dos acordos é dominado pela preocupação de salvaguardar a livre manifestação da vontade das Altas Partes contratantes. Tendo sido concebida na época em que a elaboração das convenções revestia uma forma solene e pesada, esta prática já nem sempre corresponde às necessidades actuais, uma vez que o volume das relações interestaduais aumentou consideravelmente. Verifica-se assim uma corrente que, sem atacar o princípio do Direito voluntário, tende a considerar as novas necessidades. Este movimento actua na sociedade relacional no sentido da integração, sem no entanto poder, só por si, transpor o limiar da sociedade internacional: passa-se do voluntarismo puro ao voluntarismo organizado.

A) O triunfo do voluntarismo surge na conclusão, no alcance e na finalidade dos acordos.

a) O processo de elaboração do Tratado é complexo, de modo a evitar que o Estado corra o risco de permitir que abusem da sua vontade (arts. 6º a 18º da Convenção de Viena de 1969).

1º A este respeito, o regime da negociação mostra um aumento das precauções para reduzir a liberdade de acção dos negociadores. Antigamente, estes eram plenipotenciários que recebiam plenos poderes para negociar em nome do Chefe de Estado. Nos nossos dias, as delegações, compostas por diplomatas e diversos peritos, recebem instruções rigorosas do seu governo. Verificou-se mesmo, sob a acção dos nacionalismos, um certo enfraquecimento da acepção internacional na reivindicação dos Estados de uma redacção do Tratado nas respectivas línguas, enquanto antigamente o latim e mais tarde o francês e o inglês eram considerados como sendo as línguas diplomáticas. A negociação conduz à redacção do instrumento, o qual compreende um preâmbulo expondo os motivos que levaram os Estados a aproximar-se, um articulado em artigos, eventualmente anexos, e por fim as assinaturas.

2º No entanto, antes da assinatura, pode-se ainda recorrer à rubrica nos casos em que os negociadores não estejam seguros de poder assinar o texto em definitivo. Esta precaução é tanto mais notável quanto é certo o facto de a assinatura não comprometer o Estado.

3º Apenas a ratificação tem esse efeito. É a fase do processo que faz intervir o órgão investido pela constituição nacional, do *treaty making power,* e refúgio profundo da vontade do Estado. Consoante os países, trata-se do executivo (só, ou após autorização das assembleias legislativas, segundo a importância das matérias que constam dos acordos) ou do legislativo (U.R.S.S.). De qualquer forma, o Estado dispõe de uma competência discricionária para ratificar ou até mesmo recusar-se a fazê-lo. Se a aprovação foi dada de forma desconforme com sua própria constituição, o Estado não ficará comprometido (Sentença Cleveland, 1888). É evidente o carácter voluntarista desta regra: apenas o Estado cujo processo constitucional foi violado pode invocar este desconhecimento. Segundo Valéry, os Tratados são assinados com reservas e são-no também mediante restrições mentais, e, apesar de todas estas medidas de salvaguarda, os Estados dispõem ainda de uma nova precaução: as reservas. Formulando-as de forma unilateral, o Estado, «aceitando o tratado na sua totalidade, exclui da sua aceitação determinadas disposições pelas quais não ficará, assim, vinculado» (Anzilotti). Num tratado bilateral, a reserva leva à supressão da cláusula a que ela diz respeito; num acordo multilateral, o Estado fica desobrigado das disposições reservadas nas suas relações com as outras partes. No entanto, as reservas podem limitar-se a modificar uma cláusula ou a atribuir-lhe um sentido preciso. Elas têm a vantagem de aumentar o número de signatários, mas têm também o inconveniente de reduzir a autoridade que resulta do tratado e até mesmo de o esvaziar do seu conteúdo. Se intervierem no momento da assinatura, podem levar ao prosseguimento das negociações e são menos decisivas do que se surgirem na altura da ratificação, uma vez estabelecido o texto principal (arts. 19º a 23º, Viena).

As numerosas linhas de defesa de que dispõem os Estados antes de se unirem explicam-se pela força vinculativa do compromisso.

b) O conteúdo do acordo terá por objecto os sujeitos mais diversos. Para o interpretar, a averiguação da intenção das partes é a preocupação dominante do árbitro. Não existindo a possibilidade de recurso a este último, é difícil entrever quem poderia proscrever determinadas cláusulas como ilícitas. No entanto, o artigo 53º da Convenção de Viena declara nulo todo e qualquer tratado em conflito com uma norma imperativa do Direito internacional geral (*jus cogens*) reconhecida pela comunidade internacional na sua totalidade. Qualquer litígio sobre a aplicação ou interpretação deste conceito pode ser submetido ao T.I.J. mediante recurso, excepto se as partes tiverem preferência pela arbitragem (art. 66º). Subsiste o problema da oposição entre tratados em que alguns signatários são diferentes, por exemplo, se B conclui com C um acordo contrário ao que contraiu com A. Para a doutrina clássica voluntarista, ambos os acordos são válidos, e se um dos contraentes não vir satisfeita a sua vontade deverá obter uma indemnização por perdas e danos. Trata-se de uma análise puramente contratualista que explica, igualmente, o facto de o tratado, em princípio, não ter qualquer efeito senão relativamente às partes nele envolvidas.

1) Além disso, mesmo no que diz respeito a estas últimas, não se admite universalmente que a convenção seja aplicada *ipso facto* na ordem interna de cada um dos signatários. Incontestavelmente, neste domínio, a prática encontrou, durante muito tempo, a sua análise mais fiel na escola voluntarista-dualista. É certo, e o T.P.J.I. afirmou-

-o... que um Estado não poderia fazer valer a sua legislação p... restringir as suas obrigações internacionais (*Wimbledon*, 1923; *Zonas Francas*, 1932). Mas, ainda que vinculando as autoridades governamentais, o tratado não se impõe ao juiz nacional antes de ter sido recebido no foro interno por um acto particular, na prática a promulgação, que transforma o tratado em lei interna. Nessa altura, nenhum conflito é possível entre o Direito nacional e o Direito das gentes. Os defensores da hierarquia das ordens jurídicas denunciaram, com toda a razão, no plano lógico, esta solução do Direito positivo. Alguns Estados inspiraram-se nestas críticas e proclamaram a superioridade do tratado relativamente à lei anterior ou posterior. Assim aparece a diversidade de soluções quanto ao problema das relações Direito internacional-Direito interno. Pode-se ainda assinalar que quando a França, a partir de 1946, afirma a primazia dos «tratados regularmente ratificados e publicados», é de um acto de Direito interno, da Constituição francesa, que o Direito das gentes recebe a sua prevalência; de facto, o carácter contratual do tratado encontra-se acentuado pela Constituição de 1958, que não consente a sua superioridade senão «sob reserva da sua aplicação pela outra parte». Enfim, o voluntarismo marca ainda um ponto na regulação, através deste mesmo texto, da contradição eventual do tratado e da Constituição, enquanto, segundo a hierarquia das ordens, a conclusão de tal acordo implicaria a revisão *ipso facto* da Constituição; está previsto no sistema francês (arts. 11º e 54º) o recurso, anterior à ratificação, quer ao referendo para os tratados susceptíveis de terem incidências sobre as instituições, quer ao Conselho constitucional, sempre que se desconfie seriamente da sua constitucionalidade, com a necessidade de, em caso afirmativo, proceder à revisão da Constituição antes da devida ratificação. Esta é, pois, uma solução voluntarista que postula o monismo com primazia do Direito interno.

2) O T.P.J.I. (caso de *Chorzow*, 25-5-1926) considerou que um «tratado deve constituir Direito apenas entre os Estados que dele fazem parte; na dúvida, os direitos não revertem a favor de outros Estados».

Esta é uma consequência normal da existência de uma igualdade de soberania entre os Estados. Se a cláusula da nação mais favorecida traz vantagens a um terceiro, é porque esse efeito foi previsto por este. O Tratado não poderia impor obrigações a outros Estados senão aos que dele fazem parte (arts. 34º a 38º da Convenção de Viena). O problema põe-se igualmente no tempo; trata-se da «sucessão» dos Estados, aquando da transferência de um território de uma soberania para outra. Em princípio, segundo o voluntarismo, o Estado cessionário ou o Estado novo não depende dos tratados subscritos pelo Estado cedente. Está-se assim em presença de um caso de ratificação dos tratados. Esta é igualmente ocasião de um frequente esforço por parte dos Estados para lhes reduzir o alcance.

c) Concluído pelo consentimento formal dos Estados signatários, o tratado não poderia terminar senão por esse mesmo consentimento. A denúncia pode ter sido prevista pelo próprio tratado, mas, nesse caso, admite-se que, para o denunciar, os governos não tenham de respeitar as formas constitucionais internas (especialmente a autorização parlamentar) previstas para a sua conclusão. Isto é sintoma de que o empenhamento do Estado é considerado como sendo mais excepcional do que a sua libertação dos vínculos convencionais, a qual deve ser mais natural. O carácter ilícito de denúncia unilateral, se esta não é permitida pelo acordo, dá origem a conflitos de tal modo delicados que aqueles que decidem fazê-lo justificam-na quer pelo não cumprimento por parte do contraente das suas obrigações (teoria contratual clássica), quer pela caducidade do acordo. Esta pode fundamentar-se, em primeiro lugar, em modificações nas circunstâncias que tornam a convenção cada vez mais pesada para uma das partes. Os acordos seriam considerados concluídos *rebus sic stantibus*. Os autores contratualistas vêm nisso uma cláusula tácita derivando da vontade comum das partes (arts. 61º e 62º da Convenção de Viena).

Porém, deparamo-nos ainda com a falta de uma autoridade qualificada para constatar esta evolução das condições e para favorecer uma readaptação do acordo às novas circunstâncias. O conflito é político e não jurídico: o árbitro, partindo do princípio que a ele se recorra, não está de modo nenhum apto a constatar a inadequação do Direito aos factos. A partir daí, a única solução é rever o tratado com o acordo das partes, para evitar que, uma vez mais, a força decida a questão. A guerra é, aliás, ela própria, uma causa da caducidade dos tratados: entre beligerantes, os acordos bilaterais, outros que não os concluídos precisamente com vista à sua aplicação durante as hostilidades, são considerados ab-rogados. Mas que dizer dos acordos multilaterais? Estes são hoje em dia bastante importantes e numerosos. De facto, o desenvolvimento do conjunto das práticas convencionais implica determinadas limitações às normas estritas do voluntarismo.

B) As limitações ao voluntarismo manifestam-se nos três níveis do processo convencional.

a) A conclusão dos acordos de forma simplificada, escapando à necessidade de ratificação, e muito frequente hoje em dia, não constitui um ataque ao voluntarismo, mas sim uma alteração na repartição interna das competências para estabelecer tratados. Isto não impede que eles manifestem uma evolução, segundo a qual o acordo interestadual é considerado como sendo muito mais corrente do que antigamente, não necessitando já de pôr em prática um pesado aparelho de articulação da vontade estadual. O aumento dos tratados multilaterais implicou o recurso a técnicas novas, que vieram suavizar o processo convencional. Depois de 1814, o Congresso de Viena inaugurou os tratados colectivos assinados já não dois a dois, mas em tantos exemplares originais quantos os signatários. Em seguida, passou-se ao acto único multipartido assinado por todos e confiado a um dos Estados signatários, igualmente encarregado de receber as ratificações e de as notificar às partes contratantes. O processo de conclusão evoca o sistema parlamentar: negociação numa conferência, adopção pela maioria do projecto de tratado. A partir desse momento, a assinatura deixa de ser necessária, bastando a do presidente da Conferência. Enfim, a convenção entra em vigor desde que tenham sido formuladas as ratificações de um número mínimo previsto por ela. Assiste-se assim a uma institucionalização parcial do processo, a meio caminho entre o Direito relacional e a organização internacional. A partir daí, pode ser prevista uma determinada política em matéria de reservas: as convenções multilaterais estabelecem uma regulamentação que vai até ao ponto de proibir certas reservas ou de subordiná-las à aceitação das outras partes (arts. 19º a 23º da Convenção de Viena).

b) Estes acordos contêm regras gerais objectivas que ultrapassam o alcance contratual e de carácter regulamentar:

1. Esforçam-se assim por limitar as competências das partes para concluírem com outras tratados que lhes seriam adversos e afirmam a impossibilidade, salvo o consentimento dos signatários do tratado colectivo, de um tratado posterior coexistir com ele.

2. Por outro lado, hoje as implicações convencionais atingem mais facilmente os terceiros. O acordo existe objectivamente e, pela adesão livre ou reservada a determinados Estados, é frequentemente permitido a Estados que não tenham participado na elaboração do tratado

virem colocar-se sob as suas disposições. Mas algumas convenções colectivas provocarão por si mesmas efeitos relativamente aos terceiros, conferindo-lhes direitos, como acontece com os tratados que proclamam a liberdade de comunicação nas vias internacionais (Suez, estreitos turcos, Panamá), ou que estabelecem estatutos territoriais, contra a obrigação de respeitar determinadas regulamentações (não militarização do Antárctico imposta pelo Tratado de 1959 e do espaço pelo de 1967 e da lua pelo de 1979).

Este fenómeno traduz o aparecimento de interesses comuns a alguns Estados, que os levam a assumir em comum o destino de uma via navegável ou de uma zona territorial e a impor a sua fórmula ao resto da colectividade interestadual. Estamos assim em presença de casos típicos de governo internacional de facto. No problema da sucessão do Estado, encontra-se uma aplicação que põe em causa o princípio da não transmissão dos tratados do Estado predecessor; é o caso dos acordos concluídos por este não no seu interesse, mas no de uma colectividade interestadual: neutralização ou desmilitarização, ou facilidade de circulação consentidas numa determinada região. (De um modo geral, aliás, assiste-se à sobrevivência dos tratados ou das dívidas de interesse local.)

c) Assim se explica igualmente que os Tratados multilaterais possam apenas ser suspensos entre beligerantes até se atingir a paz e que continuem a ser aplicados entre Estados neutros ou entre Estados neutralizados e beligerantes (a guerra de 1939 ficou sem efeito jurídico na

Convenção de Montreux, de 1936, sobre os Estreitos). Os acordos multilaterais prevêem frequentemente um processo simplificado: a maioria pode obrigar a minoria a aceitar a revisão ou a desligar-se do tratado. A necessidade de eficácia conjuga-se com a necessidade de dominação.

CAPÍTULO III
VIOLÊNCIA DO PODER

O Estado detém o monopólio da violência legítima no interior das suas fronteiras, para aí fazer reinar a ordem; no exterior, é ainda o único a poder usá-la: a guerra é uma relação de Estado para Estado, mas cada um aprecia a legitimidade da sua acção. Isto levou alguns filósofos, como Locke, a comparar a colectividade internacional ao Estado por natureza desprovido de uma força social organizada e centralizada. O recurso à força é, portanto, lícito enquanto os Estados não renunciarem a ele. Vários paliativos tentam reduzir a frequência dos conflitos ou a gravidade das suas consequências.

I. – A licitude do recurso à força

A força é necessária em qualquer sociedade para obrigar a respeitar o Direito, para punir quando necessário aqueles que o ignoraram. Além disso, para além da certeza em relação ao Direito, é necessária uma autoridade que detenha a exclusividade da coacção. A ordem interestadual sofre de uma dupla deficiência: não possui juiz instituído para aplicar o Direito e constatar as infracções e não possui polícia para lhes pôr cobro. Cada Estado é juiz da sua própria causa e, consoante a situação dos seus arsenais, senhor da oportunidade do recurso à força. Dispõe assim de um vasto registo de possibilidades, desde a intervenção até guerra, ao serviço da sua vontade de poderio.

1. A intervenção e o fenómeno colonial. – O Estado dominante dispõe de diversos meios de pressão sobre o Estado dominado. Extrai-os tanto da fraqueza dos seus parceiros como da sua própria importância económica ou militar.

O princípio da não-intervenção jamais conseguiu resistir ao desequilíbrio das relações de força. A intervenção será frequentemente dissimulada por detrás de acordos de aliança militar ou económica (Tratado do Rio, para a intervenção americana em San Domingo, em 1965; Pacto de Varsóvia, para a dos Estados Socialistas na Checoslováquia, em 1968); mas pode resultar de pressões ainda menos ostensivas, sem fundamentos jurídicos, permanecendo o recurso à força sempre em último plano. No século XIX, ela conheceu uma fácil expansão no fenómeno colonial. Ora, na ordem internacional relacional, nenhum controlo pesa sobre a potência colonizadora, nenhuma arbitragem está prevista entre ela e o Estado vassalo ou protegido.

O protectorado colonial pressupõe para o Estado protegido a conservação da sua personalidade internacional: o protector não o pode anexar, os habitantes mantêm a sua nacionalidade, o governo subsiste, mas o Estado protector beneficia da hierarquia de poder estabelecida entre os seus e os do protegido; exerce as competências internacionais deste e algumas competências internas, quer sob a sua própria soberania (defesa militar), quer sob a soberania nominal do Estado protegido. Exerce, enfim, um direito de controlo sobre as competências residuais deixadas a este último. Esta fórmula pareceu, a homens como Leroy-Beaulieu ou J. Ferry, mais moral do que a anexação e também mais económica e mais susceptível de favorecer a colonização de capitais do que a de povoamento. O facto é que obteve um verdadeiro êxito: protectorado francês na Tunísia, em Marrocos, na Indochina (Tonquim e Annam, Laos, Camboja), italiano na África Oriental, japonês na Coreia, inglês em diversos territórios africanos. Mas este sistema defronta-se com uma dificuldade fundamental: a de saber acabar. Na verdade, conheceu desfechos mais ou menos trágicos e, por isso, a intervenção reaparece noutras modalidades.

Hoje, paralelamente à descolonização, multiplicam-se as pressões e intromissões de Estados aspirando à liderança numa região do mundo. Os novos Estados estão particularmente expostos a estas novas formas de intervenção que, sem recorrer a um ataque armado, favorecem o desencadeamento de uma revolução interna e levam um apoio exterior aos rebeldes. A exiguidade do mundo, a permeabilidade dos países às ideologias concorrentes facilitam estas práticas. Entretanto, surge a diversidade das pressões, especulando sobre a violência. Estas encontram, hoje em dia, um impulso singular no terrorismo internacional (desvio de aviões, tomada de reféns, nomeadamente à custa de diplomatas), praticado por comandos cujos laços permanecem praticamente desconhecidos. Isso não impede que a guerra, confronto declarado das forças armadas de dois ou mais Estados, tenha ainda uma posição considerável nas relações internacionais.

2. **A guerra.** – Ao abrigo da filosofia do progresso e do cientismo do início do século, foi possível crer que a guerra era uma situação anómala; hoje somos levados a ser menos optimistas. Na verdade, toda a sociedade é atormentada por tensões entre os grupos que a compõem. Na ordem internacional, esses grupos, pretendendo-se soberanos e não sendo dominados por nenhum poder de sobreposição, podem conduzir essas tensões até ao conflito armado. De facto, no Direito clássico, a guerra é um processo com efeitos jurídicos, justificados pela carência institucional da sociedade relacional. A conquista é aí considerada como um processo válido de aquisição da soberania territorial, sendo a sua efectividade a única condição exigida. Ela pode ir até à *debellatio*, conquista total conduzindo à supressão do Estado vencido.

Scelle mostrou as quatro funções da guerra: a guerra-execução que tende à aplicação ou ao restabelecimento de um direito expresso pelo costume, o tratado ou a sentença jurisdicional; a guerra-duelo, que decide uma contestação – tal como acontece no duelo judicial a força prova o direito; através da guerra-revisão, um dos adversários continua a pôr em causa um regime jurídico a seu ver injusto, modalidade que, nos nossos dias, se desenvolve na forma total da guerra-revolução: num mundo atormentado por uma necessidade de unidade, ela tem por objectivo o triunfo planetário de um sistema político. As três primeiras funções sempre existiram, mas cada uma delas teve uma época de eleição. O primeiro aspecto foi aquele que mais impressionou os teólogos da Idade Média, que elaboraram a propósito dele a teoria da guerra justa, tendo em conta essencialmente a finalidade da operação. O segundo desenvolve-se a partir do século XVIII com a ascensão dos Estados soberanos: a guerra é a arbitragem da força, tal como é, juntamente com a terceira, a selecção dos le-gisladores internacionais, autores dos grandes tratados que fixam os estatutos da Europa. Finalmente, a partir de 1914, prossegue a revolução mundial.

Com o aperfeiçoamento das armas, o esforço para humanizar os meios de guerra veio reforçar aquele que procurava uma definição da guerra justa: o direito da guerra é a consequência lógica do direito à guerra.

A) O direito à guerra, depois de ter deixado de ser contestado com o Renascimento, passou novamente a sê--lo com o advento dos grandes conflitos destruidores. Isso levou-nos a distinguir entre os vários recursos à força e a declarar ilícita a guerra de agressão. Era o mesmo que afirmar a legítima defesa. Mas, para além de não se estar de acordo quanto aos critérios de agressão, quem estaria qualificado para a contestar? Na ausência de um órgão próprio na sociedade internacional, o problema deixado às pretensões contradi-tórias dos Estados é insolúvel.

Logo, o mesmo acontece com a legítima defesa: substituta da força pública, excepcionalmente enfraquecida num meio organizado, ela não pode ser construída juridicamente numa sociedade de justaposição. Cada um argumentará com a legitimidade da sua defesa, ainda que esta seja preventiva e que ele tenha atacado primeiro. No entanto, a doutrina não perdeu a coragem. Kelsen retoma uma pesquisa da guerra justa e, desenvolvendo a sua análise, declara lícita a força ao serviço do restabelecimento do direito; nem toda a guerra de agressão é ilícita e nem toda a guerra de defesa é lícita; o critério está na ilicitude do acto contra o qual a guerra é dirigida.

O mais simples não será ainda fazer com que os Estados renunciem completamente à sua competência de guerra? Foi o que pretendeu obter o Pacto Briand-Kellog (27-9-1928), que condenava o recurso à guerra e o excluía como instrumento de política nacional nas suas relações mútuas. (O Pacto vincula ainda mais de sessenta Estados.) Mas, uma vez mais, defrontamo-nos com o impasse relativamente à questão da legítima defesa, admitida pelo Pacto, num sistema de Direito onde reina a apreciação autónoma e soberana. Supondo que os Estados se despojem das armas, quem exercerá a coacção para obrigar os recalcitrantes a observar o Direito? A sociedade relacional interestadual só poderia responder a esta pergunta desaparecendo em proveito de uma sociedade institucionalizada, o que ainda não é o caso. Por conseguinte, a regulamentação dos processos de luta parece necessária, mas, infelizmente, a evolução das técnicas torna-a irrisória.

B) O direito da guerra não poderia encontrar aqui lugar para uma exposição, mesmo esquematizada. Será suficiente mostrar a dispersão dos quadros que deviam manter a conduta das hostilidades dentro de certos limites. Os grandes textos sobre este assunto (Declaração de Paris de 1856 sobre a guerra marítima, Convenção de Genebra de 1864 sobre a Cruz Vermelha, Declaração de S. Petersburgo de 1868 proibindo certos projécteis, Convenção de Haia, etc.) assentavam em distinções, símbolos das idades clássicas em todos os domínios: guerra e paz, beligerantes e neutralizados, guerra em terra e guerra no mar, combatentes e civis, vanguarda e rectaguarda. As duas guerras mundiais esforçaram-se por ignorá-las, por destruí-las numa cruel confusão.

Neste universo de violência aberta, que paliativos propôs o Direito internacional?

II. – Os paliativos da violência

São fruto de várias inspirações: não só se tenta circunscrever territorialmente o conflito pela neutralidade permanente, como também delimitá-lo juridicamente pelo recurso a uma teoria, a da responsabilidade, e ainda regulá-lo pacificamente graças a diversos processos.

1. **A neutralidade permanente.** — Esta opõe-se à neutralidade ocasional que um Estado decide observar num determinado conflito. Proclamada antecipadamente e, a maior parte das vezes, garantida por Estados terceiros que desejam que esse país se mantenha afastado de eventuais hostilidades, fundamentada assim, por vezes, num tratado, constitui um estatuto de interesse público internacional, ao mesmo tempo que um privilégio para o seu beneficiário, privilégio esse, aliás, compensado por obrigações.

O Estado neutralizado renuncia à sua competência de guerra, salvo em caso de legítima defesa. Em tempo de paz, deve evitar toda e qualquer opção susceptível, na sua sequência, de o envolver numa luta armada. Aqui surge o carácter desactualizado da neutralidade permanente. Adaptada a uma época de conflitos política e territorialmente limitados, ela ressente-se, tal como a neutralidade ocasional, com a totalização da guerra.

Se todos os Estados têm o dever de não ignorar a neutralidade, alguns subscrevem uma obrigação suplementar: a de a garantir. Esta obrigá-los-ia a ajudar o Estado cuja neutralidade tivesse sido violada. Assim, a Suíça, em 1815, viu ser-lhe concedida esta garantia por parte da Rússia, da Suécia, da Áustria, de Portugal e da França. Por vezes os Estados contentam-se em reconhecer a neutralidade permanente de um deles sem se comprometerem formalmente com a garantia (atitude da Conferência de Genebra de 1954 em relação ao Camboja e ao Laos). Acontece igualmente que a neutralidade permanente, decidida de uma forma unilateral (Constituição de 1955 para a Áustria), recebe o reconhecimento de facto das grandes potências. Enfim, alguns países, nomeadamente no Terceiro Mundo, sem reivindicarem o estatuto da neutralidade, aspiram ao neutralismo, isto é, à renúncia de se empenharem na guerra fria que opõe Estados Unidos e União Soviética. Com este comportamento, procuram não só suscitar frutuosas promessas, mas também limitar previamente a sua responsabilidade num possível conflito e poder desempenhar um papel de mediador.

2. **A responsabilidade internacional.** – A responsabilidade sanciona a violação do Direito e tende à reparação do prejuízo que daí resulta. Assume assim uma função de restabelecimento, de uma importância social considerável. Dizendo respeito ao Estado nas suas relações internacionais, ela vem condicioná-lo e constrangê-lo: se este ignorou uma norma convencional ou consuetudinária, ei-lo responsável e, como tal, obrigado a reparar o dano causado. A doutrina e a jurisprudência empreenderam esforços admiráveis para aprofundar a noção de responsabilidade, canalizá-la e enriquecer o seu alcance na ordem relacional. Os Estados são, com efeito, levados a responsabilizar-se mutuamente e a prestar contas, o que não deixa de ameaçar a paz; é preciso também que a responsabilidade passe do plano sociológico e passional ao plano

jurídico e racional para que o seu papel social de sanção do Direito possa ser conseguido.

A) Nas relações interestaduais ela tem, no plano sociológico, um carácter fruste que dificulta a sua construção jurídica.

a) Tal como na sociedade primitiva, na qual provoca uma reacção colectiva, a vítima deve em primeiro lugar imputar o dano causado por um Estado ao conjunto da colectividade que ele representa. Esta difusão contagiosa da responsabilidade encontra a sua expressão mais brutal em tempo de guerra ou nas épocas de tensão, como as que vivemos há várias décadas. Este fenómeno não parece facilmente redutível, salvo por um desenvolvimento da acepção internacional, a única capaz de discriminar entre os antecedentes do acto danoso e de não ver no Estado ao qual é imputado senão um feixe de órgãos qualificados para assegurar a reparação ou um património de afectação encarregado de a financiar. A teoria jurídica da personalidade moral permite esta análise.

b) No entanto, na ordem internacional, ordem da soberania, é preciso contar ainda com a repugnância do poder em responder pelos seus actos. Já na ordem interna, a irresponsabilidade esteve na origem da regra *The king can do no wrong*. De facto, autores partidários do estatismo defendem que a responsabilidade internacional do Estado seria contrária à sua soberania. Para explicar os casos de reparação, recorreram a uma responsabilidade benévola e artificial: «O Estado age como se fosse o responsável». Foi uma doutrina que não prevaleceu e que ia de encontro não só às análises bastante antigas de Grócio e de muitos outros, como também ao Direito positivo.

Na ausência de irresponsabilidade geral, uma norma limitativa é incontestável: a responsabilidade não pode existir senão nas relações de Estado para Estado. Este rigoroso interestadualismo implica várias consequências:

1) Afastamento do indivíduo da relação jurídica como autor do dano e como vítima. Sabe-se que, pela protecção diplomática, o Estado detém o monopólio das acções de reparação dos danos sofridos pelos seus nacionais e que a execução deste processo implica uma verdadeira novação: tal como referiu o Tribunal da Haia, o Estado faz valer então não o direito do particular, mas o seu próprio direito.

2) A exclusão de qualquer responsabilidade penal. Isto deve-se primeiro que tudo à não emergência do indivíduo no plano jurídico internacional, salvo em casos muito excepcionais. Mas falar da responsabilidade do Estado significa que as consequências danosas da acção de um ou de vários indivíduos são garantidas por ele. A responsabilidade é considerada, no Direito das gentes, menos como sanção da violação do Direito internacional do que como sanção do direito subjectivo do Estado no qual foi causado um prejuízo. Trata-se mais de reparar um

erro do que propriamente de censurar o ilegal, o que alguns juristas, e nomeadamente Jessup, lamentaram com toda a razão.

3) Daqui resulta que o Estado tem a seu cargo uma res-ponsabilidade de indemnização. Mas, sendo ao mesmo tempo responsabilidade de indemnização e não repressão penal, ela pode tornar-se mais suportável para as susceptibilidades soberanas, o seu domínio pode ser bastante alargado, e terem-se desenvolvido aí a doutrina e a jurisprudência.

B) Este movimento de expansão teve por objecto o fundamento, os casos de imputação, bem como as modalidades da reparação.

a) O problema do fundamento põe-se tanto em Direito internacional como em Direito interno, mas apresenta aí dados específicos. De entre todas as causas que se podem encontrar na origem de um dano, qual deve ser considerada como mais importante? Duas grandes teorias se confrontam em Direito geral: a da culpa e a da responsabilidade pelo risco. Para a primeira, apenas se estabelecerá como responsável o agente jurídico que tenha sido culpado de uma negligência. Para a segunda, a designação do responsável resultará do exame de uma simples relação de causalidade. Na verdade, cada uma das teorias está animada de um móbil próprio: a da culpa preocupa-se sobretudo em não atingir injustamente o autor do prejuízo; a teoria do risco considera sobretudo a sorte da vítima, a qual deve sempre obter reparação desde que tenha sofrido um prejuízo anómalo. A primeira é subjectiva e de carácter individual, a segunda é objectiva e tende à colectivização da reparação. No plano internacional, compreende-se que a preocupação de não melindrar as soberanias imponha um balanço entre os interesses em causa, e que se tenha partido da exigência de uma culpa do Estado sem se poder chegar a uma responsabilidade, unicamente com base na causalidade, salvo nos casos de riscos excepcionalmente perigosos, nomeadamente para os danos resultantes de actividades nucleares ([1]). A evolução consistiu, portanto, não em olvidar uma culpa, mas em desenvolver a sua noção, de modo a descobri-la num número crescente de hipóteses.

1) Grócio toma a culpa como fundamento da responsabilidade: os Estados são obrigados assim a reprimir o banditismo e a pirataria; a negligência constitui uma culpa. A partir daí o Estado pode ser responsabilizado tanto pelos seus actos positivos como pelas suas abstenções: neste caso, os particulares, ao gerarem danos internacionais, podem pôr em causa a responsabilidade do Estado desde que este não tenha sabido ou não tenha conseguido prevê-los.

Subsequentemente, os autores irão sentir algumas dificuldades em fundamentar a responsabilidade do Estado nos casos de actos cometidos por funcionários subalternos

---

([1]) P. M. DUPUY, *La resp. internacionale des Etats pour les dommages d'origine technologique et industrielle*, Paris, Pedone, 1977.

ou por particulares agindo sem autorização do Estado. Perante essas dificuldades em aplicar uma noção subjectiva da culpa a uma pessoa moral, sentia-se a necessidade de encontrar um fundamento que, conservando a exigência do facto ilícito, fosse mais objectivo.

2) Anzillotti encontrou-o: para ele, qualquer desrespeito de uma norma de Direito internacional que provoque um dano acarreta a responsabilidade do Estado.

A sua preocupação é tornar impossível ao Estado a faculdade de se subtrair à responsabilidade alegando não ter cometido qualquer negligência relativamente ao seu Direito interno. Assim surge uma norma objectiva de imputação, mais lata do que a da culpa clássica. Na verdade, esta teoria aproxima-se singularmente da teoria da culpa funcional, bem conhecida do Direito administrativo. Esta assenta numa noção objectiva que se aprecia tendo como ponto de referência a habilidade e a diligência média que se pode esperar de uma administração. Aplica-se maravilhosamente às hipóteses em que se espera de um Estado não uma prestação precisa (caso em que a sua responsabilidade resultaria da não execução), mas um comportamento de qualidade média. O Direito é construído à escala humana. A aceitação desta teoria pela jurisprudência devia permitir um aumento dos casos de imputação.

b) A responsabilidade do Estado pode resultar:

1) Do facto dos seus agentes; todo e qualquer agente a pode provocar: os órgãos administrativos (sevícias infli-

gidas por polícias a estrangeiros), mas também os órgãos judiciais ou legislativos, ou até mesmo constituintes. Extensão notável: por um lado, porque os actos do juiz ou do legislador só excepcionalmente são retidos pelos direitos nacionais, por outro lado, porque o Estado, no plano delitual, é comprometido por todos os seus agentes, e não apenas pelos seus órgãos diplomáticos, mesmo que eles tenham ultrapassado as suas competências: como explica Charles de Visscher, «quando o acto danoso foi cometido, quer por meio da autoridade, quer por meio da força material que o agente culpado detém pelas suas funções» ([1]).

2) O Estado responde também pelos actos dos particulares que, no seu território, atentam contra a pessoa ou contra os bens dos estrangeiros. Na verdade, trata-se de uma negligência na manutenção da ordem, que, dadas as circunstâncias, seria de esperar dele.

A jurisprudência conserva assim a ausência de prevenção, mas também a ausência de punição dos culpados. A repressão constituiu uma espécie de preço de sangue, tal como se encontra na sociedade primitiva; a exemplaridade do castigo deve ser considerada hoje como uma prova da determinação do Estado em proteger os estrangeiros. Bem entendido, determinados factos poderão afastar ou reduzir esta responsabilidade: força maior ou

---

([1]) O art. 19º do projecto de artigos sobre responsabilidade ela-borado pela Comissão do Dir. int. prevê a noção de «crime internacional» do Estado.

negligência da própria vítima. Em contrapartida, o Estado requerido não poderia, para escapar às consequências dos seus actos danosos, argumentar com o seu Direito interno nem com a sua Constituição. De acordo com este ponto de vista, os danos internacionais causados pelo Estado membro de um Estado federal são imputáveis a este último.

Esta extensão da responsabilidade atinge igualmente os princípios da reparação.

c) Esta deve cobrir tanto o dano material como o dano moral (caso *Fabiani*) sofrido pelo próprio Estado ou pelos que se encontram sob a sua alçada; para isso, basta que ele seja um facto. Ainda que o Estado requerente seja forçado a defender os seus próprios direitos (traço persistente do primitivismo sociológico da responsabilidade internacional), o seu direito a indemnização será apreciado de acordo com o sofrimento ou as perdas sofridos pelos particulares, cuja protecção assegura. Através da reparação, a vítima deve ser reconduzida ao estado em que se encontraria se o acto danoso não tivesse acontecido (caso *Chorzow*). A reparação terá lugar em espécie ou em equivalente, segundo uma indemnização pecuniária.

Este movimento de extensão da responsabilidade do Estado depara-se no entanto com limites inexoráveis. É certo que a responsabilidade não poderia ser condicionada juridicamente pela incerteza ou pela insuficiência das sanções, mas, na prática, esta construção notável aplica-se apenas quando as partes aceitam recorrer aos modos pacíficos de solução dos litígios.

3. Os modos de solução pacífica dos litígios. – Para resolver os litígios de responsabilidade, calcular a reparação, de forma a impedir que uma situação perigosa degenere em confronto armado, é necessário prevenir os conflitos. Esta evidência encontra, na ordem relacional, dificuldades em concretizar-se na realidade positiva. A prevenção dos distúrbios na ordem pública é, no interior dos Estados, confiada a órgãos públicos com autoridade sobre os sujeitos de Direito. Na sociedade dos Estados justapostos, a conservação da paz deve-se precisamente à sua boa vontade e à sua prudência. Não existe qualquer juiz instituído ou pretório a quem reconduzir o adversário recalcitrante. Da mesma forma, os processos inspiram-se essencialmente na arte diplomática, a única que respeita o voluntarismo natural das relações interestaduais; até mesmo o único processo que evoca a intervenção de um juiz, a arbitragem, é fortemente influenciado por ela.

Contudo, não deve esquecer-se uma distinção fundamental: a que opõe os conflitos jurídicos, que têm por objecto a interpretação do Direito existente, aos conflitos políticos ou de regulamentação, que dizem respeito à revisão do Direito. Estes últimos dependem mais naturalmente do legislador do que do juiz. Por isso, é compreensível que, em relação a eles, sejam tentados processos diplomáticos visando aproximar os interesses dos Estados divergentes, sem lhes impor uma solução. É igualmente compreensível que os Estados hesitem em confiar tais conflitos a um árbitro cuja sentença tem força vinculativa. Assim, se qualquer litígio pode ser submetido aos processos de inspiração diplomática, a arbitragem será a maior parte das vezes utilizada para os conflitos jurídicos ([1]).

A) *Os processos diplomáticos.* — Não seria possível considerar a negociação como um modo especial; mas nem por isso deixa de ter uma importância considerável: o colóquio é uma forma de controlar a guerra. É precisamente quando o diálogo atinge o impasse que a intervenção de um terceiro pode ser útil.

a) Ela pode surgir nos bons ofícios: iniciativa amigável de uma terceira potência que, de uma forma discreta, se esforça por aproximar os pontos de vista divergentes. Mas, o facto é que eles foram, muitas vezes, delicadamente rejeitados pelas partes (proposta dos Estados Unidos para a guerra russo-finlandesa, em 1939).

b) A mediação apresenta em relação a eles apenas uma diferença de grau: a intervenção tende a propor uma solução. Para despolitizar o sistema, uma evolução recente orienta-se para a designação como mediador não de um Estado, mas de uma personalidade privada (Convenção Pan-Americana de Buenos Aires de 1936).

c) O inquérito visa menos a regulamentação directa do conflito do que o conhecimento objectivo da materialidade dos factos. Criado na Haia em 1899, conheceu um

---

([1]) O Acto Geral de Arbitragem de 1928 previa a solução arbitral para os litígios políticos, mas não conheceu a este respeito uma aplicação efectiva.

verdadeiro desenvolvimento graças aos Estados Unidos, signatários de numerosos tratados (Tratados Bryan) que previam o recurso a este processo. Este é confiado a uma comissão constituída por representantes dos partidos e de Estados terceiros, a qual redige um relatório estabelecendo os factos, mas sem se pronunciar sobre as responsabilidades deles decorrentes. A partir do caso do *Dogger Bank*, em 1904, entre a Grã-Bretanha e a Rússia, o inquérito prestou incontestáveis serviços. O facto é que ele pode favorecer a conciliação.

d) Esta foi estabelecida depois de 1919 por numerosos tratados os quais prevêem uma Comissão de três ou cinco membros, colocada sob a presidência de um representante de um Estado terceiro. Assim surge o esboço de uma institucionalização, sendo a Comissão organizada pelo tratado que a cria antes da ocorrência do litígio. Acontece que as personalidades que a constituem podem só ser designadas na própria ocasião em que ele se produz, consoante a matéria de que se trate. O papel da Comissão é o de submeter às partes um relatório propondo um acordo. A conciliação conheceu uma renovação a partir da última guerra (Comissão franco-siamesa de 1946 e italo--suíça de 1956, etc.). Constatou-se que o seu êxito só é possível se as partes acreditarem que a Comissão não se conduz como juiz e se o relatório, longe de se apresentar como uma sentença, for o resultado de um trabalho de colaboração não apenas entre os comissários, mas também com os agentes encarregados pelas partes de sustentar as suas teses. Permanece-se, com efeito, num sistema fundamentalmente voluntarista: o recurso a estes diversos processos diplomáticos é sempre facultativo; mesmo quando intervêm comissões de inquérito ou de conciliação, é através de um tratado e no âmbito deste que elas funcionam. De qualquer modo, os relatórios redigidos por mediadores ou comissários não se imporão às partes. Pelo contrário, a sentença arbitral tem neste caso um carácter coactivo.

B) *A arbitragem.* – É um processo-tipo da sociedade relacional. É certo que se diferencia da conciliação, uma vez que o árbitro estatui, em princípio, com base no Direito, tal como o juiz, mas, ele próprio distingue-se deste porque é escolhido, e não instituído. A arbitragem também existe na ordem interna, mas só que a título subsidiário, enquanto no Direito das gentes é um substituto voluntarista da carência da jurisdição obrigatória. E, na verdade, marca a inserção de um elemento objectivo nas pretensões das partes, mas é precisamente em razão da liberdade de acção e dos poderes reconhecidos ao árbitro que os Estados litigantes se esforçam por preservar neste mecanismo o seu carácter contratual.

a) A autonomia do árbitro manifesta-se tanto nas modalidades de arbitragem como no alcance da sua sentença.

1) Assistiu-se a uma evolução no sentido da qualificação funcional, que vai da arbitragem por uma persona-

lidade única (Chefe de Estado) à confiada a uma Comissão mista de carácter diplomático ou de carácter técnico, sendo então os árbitros jurisconsultos. Este último método foi utilizado pela primeira vez no século XIX, com a questão do Alabama, nascida da Guerra da Secessão. O facto de a Inglaterra ter deixado construir nos seus portos navios destinados aos Sulistas fez com que os Nortistas sofressem sérios prejuízos, cuja reparação os Estados Unidos exigiram depois da guerra. Americanos e Ingleses submeteram o seu processo a um Tribunal arbitral de cinco membros: um de cada uma das partes, sendo os outros escolhidos por três Estados terceiros. (Esta técnica foi retomada no caso das focas do mar de Behring.)

2) A sentença do árbitro é vinculativa. A Convenção da Haia (art. 81º) precisa que ela decide definitivamente e sem recurso da contestação. Intervindo a maior parte das vezes em conflitos jurídicos, os Estados em causa executam-na, mas não se exclui a hipótese de um deles sustentar que o árbitro excedeu os seus poderes. O facto é que ele apenas os recebe através do acordo das partes, o que reduz a sua margem de manobra.

b) No processo contratual, a arbitragem pressupõe:

1) Previamente, um acordo entre os Estados para a ela recorrerem: o compromisso. Este é ele próprio concluído segundo as formas dos tratados. Diz-se que a arbitragem é obrigatória, quando um tratado previu, antes da

ocorrência de qualquer litígio, o recurso a este processo. Trata-se de um compromisso prévio, cuja origem está sempre dependente da vontade dos Estados.

2) O compromisso, ocasional ou permanente, determina o papel e a competência dos árbitros. Certamente que estes têm a faculdade de o interpretar, mas devem fazê-lo de acordo com a intenção das partes. Na solução do litígio, os árbitros devem, em princípio, limitar-se à interpretação do Direito. Supondo, no entanto, que os Estados em causa os tenham investido de poderes exorbitantes, quer reconhecendo-lhes a faculdade de matizar a sentença com considerações de equidade, quer mesmo atribuindo-lhes um poder normativo (caso da baía de Delagoa, 1872: o presidente da República Francesa devia estabelecer uma fronteira entre a Grã-Bretanha e Portugal na África do Sul). Isso seria sair dos limites da arbitragem. Supondo, pelo contrário, que os Estados tomam a precaução de indicar aos árbitros as normas de Direito a que querem referir-se: na questão do Alabama, as partes tinham decidido previamente por tratado sobre o direito relativo a determinados deveres dos Estados neutrais (Normas de Washington de 1871). O árbitro encontra-se, assim, sempre mais ou menos estreitamente condicionado pela vontade das partes, e todo o esquecimento da sua parte quanto a isso constituiria um abuso de poder. É necessário pois, para que o árbitro cumpra a sua função, que o acordo das partes prossiga até à sentença e que se mantenha quanto à regularidade formal da mesma. Assim, em caso de desco-

berta de um facto novo, um recurso de revisão perante o árbitro pressupõe igualmente a persistência deste entendimento entre os interessados. Enfim, não existe nenhuma força para coagir a parte vencida à execução. A partir daí, este processo flexível e cómodo conhece os intransponíveis limites que a soberania opõe ao triunfo do direito. Intransponível? A palavra não será demasiado definitiva? A única saída para este constante impasse da sociedade relacional é a passagem à sociedade institucional. Mesmo assim, não é fácil ([1]).

([1]) A arbitragem é bastante frequente. São exemplos recentes, para além de outros: a delimitação marítima (mar de Iroise entre a França e o Reino Unido, 1977), o estatuto do enclave de Taba entre o Egipto e Israel (1988), os problemas de pesca no golfo de Saint--Laurent entre o Canadá e a França (1986).

SEGUNDA PARTE

O DIREITO DA SOCIEDADE INSTITUCIONAL

«Do mundo das cidades à cidade do mundo». Tal seria o sentido da passagem, a lógica da mutação. Só que a realidade está longe de a confirmar. Tomando a fórmula à letra, concluir-se-á, por um lado, pela unicidade da organização internacional ou, pelo menos, pela subordinação de todas a uma só, considerada como a mais vasta e a maior, e, por outro lado, pela integração dos Estados neste sistema institucionalizado.

Deixando assim definitivamente a planície interestadual do Direito relacional, entrar-se-ia num plano de estruturas verticais, assumindo a subordinação dos Estados a organizações convergindo elas próprias para um poder supremo. «Tudo o que sobe converge.» É esta subida que se revela árdua. As soberanias colam-se à terra. Elas expressam as contradições económicas, sociais e ideológicas que se opõem à edificação de poderes inéditos e sobrepostos.

Assim, paralelamente ao movimento que, no seio do Direito internacional, testemunha a insuficiência das práticas voluntaristas e funciona no reino do direito, a sociedade institucional é a sede de um esforço contrário dos Estados para reter a organização ao seu nível e evitar que ela pese sobre eles pelas suas decisões e pelos seus actos.

A tensão é sinal de vida e, por isso, estas contradições não podem surpreender. Elas não impedem que o reagrupamento dos Estados, em busca de objectivos comuns em instituições às quais confiam um certo número, ainda que reduzido, de competências, os situe numa perspectiva jurídica diferente da do Direito relacional. É certo que as organizações internacionais são obra da sua vontade, mas a própria criação tende a separar-se do criador, por mais dominador que ele seja, e, além disso, a forçá-lo a contar com ela.

No plano da técnica jurídica, todo o fenómeno de associação procede do processo federalista. Este tende a conciliar a necessidade de segurança e a necessidade de liberdade. A primeira é assegurada pela união das colectividades estaduais, que participam tanto na formação dos órgãos comuns, encarregados de definir o interesse geral, como na elaboração das decisões que o exprimem. Mas o federalismo pressupõe a associação e não a fusão: cada um conservará, portanto, uma autonomia residual mais ou menos importante, consoante o volume das competências transferidas para as instituições federais. De acordo com o grau desta transferência, distinguem-se dois modelos teóricos: a confederação e a federação. Uma, sendo muito lassa, deixa aos Estados a sua personalidade interestadual e apenas conhece um órgão, uma assembleia interestadual (Dieta) só deliberando por unanimidade, sem que as medidas por ela adoptadas possam atingir as colectividades humanas, a não ser por intermédio dos governos membros. A outra, pelo contrário, monopoliza a qualidade de sujeito de Direito das gentes que o Estado lhe delega, reforça a representação dos Estados com uma representação dos indivíduos, o poder federal, no exercício das competências que lhe foram transferidas, integrando as colectividades humanas e atingindo-as directamente. Os Estados conservam sempre nas suas competências alguns domínios, na sequência da partilha de matérias operada entre eles e o poder federal.

Grande é a distância entre estas duas construções teóricas; na prática, os sistemas situam-se entre uma e outra, em pontos diferentes do vector que liga as formas extremas: a confederação, resultante de um tratado, e a federação, incluída numa constituição. No plano da organização internacional, a ruptura com a ordem relacional, interestadual e voluntarista, só seria decisiva se nos aproximássemos o mais possível, apesar da persistência de poderosas correntes nacionais, do modelo supranacional seguinte.

1) A fonte do poder encontrar-se-ia não só na vontade dos Estados, criadores e animadores da organização, mas também na vontade popular.

2) A estrutura do poder seria a partir daí comandada por esta dualidade de participantes, os Estados e as Nações: ao lado dos orgãos abertos aos Estados colocar-se-iam os que representam as colectividades humanas. A definição do bem comum resultaria desta união das apreciações dos Estados com as dos homens.

3) O exercício do poder deveria ser efectivo: assim, entre os Estados, não interviria nem o veto nem o direito de anulação. O primeiro, anterior a qualquer tomada de decisão, impede-a de nascer, o que quer dizer que apenas a unanimidade dos votantes tem poder para decidir. O segundo, posterior à decisão, tem como consequência paralisá-la em relação ao Estado que o faz valer e que, por ele, verifica a regularidade ou a legitimidade da medida. Na confederação, o veto e a anulação por norma deveriam ser evitados: a organização passaria a tomar por maioria decisões executórias.

Um tal esquema aproximar-se-ia do modelo federal. Compreende-se que, embora este seja preconizado por um determinado movimento de opinião, os governos, quando certos factores de solidariedade os levam a constituir uma organização, não se afastem senão com pesar da associação confederal, mais conciliável com o jogo das contradições que persiste entre Estados. A confederação permanece o ponto de contacto da organização. Isso é natural:

1) A federação corresponde a um sentimento internacional transformado em sentimento nacional, mediante

um impulso da base, isto é, dos povos, e não só dos governantes.

2) Ao criarem uma organização, estes limitam-se a instituir os meios para satisfazerem em comum um ou vários interesses que têm em conjunto. Assim surge uma institucionalização da cooperação, a qual, em vez de ser apenas ocasional e sujeita às eventualidades das relações diplomáticas, se torna permanente, dispondo de meios materiais e pessoais especializados. Só excepcionalmente os governos se resolverão a ultrapassar o estádio da simples coordenação para edificarem uma estrutura para eles subordinadora. São obrigados a isso, mesmo que se esforcem por reduzir o alcance desta. Distinguem-se assim as organizações de coordenação e de subordinação. Esta é sempre restrita. No entanto, a forma corrente não deixa de ser mais coactiva do que poderia parecer: mesmo limitada ao nível da simples cooperação, a organização criada não tarda a aparecer, em relação aos Estados, como um parceiro real com a sua existência autónoma; ainda que animada na sua essência pelos Estados, adquire um dinamismo próprio e, por vezes, exerce sobre eles, na ausência de uma pressão superior, uma pressão lateral, acelerada por vezes por um coeficiente de propensão de intensidade variável. De tal modo que, embora o movimento esteja por enquanto apenas esboçado, a sociedade institucional, apesar da presença de Estados preocupados em conservar as tradições voluntaristas, é construída com base em normas jurídicas que tendem a tomar a direcção contrária das da

sociedade relacional. O fenómeno não se pode observar senão sob a forma de tendência, mas o facto é que ele é incontestável; atacando os três caracteres da sociedade relacional, esforça-se por derrubá-los: o poder tende para a concentração, é condicionado e reprimido.

CAPÍTULO I

CONCENTRAÇÃO DO PODER

É função da solidariedade sentida pelos Estados. A tendência natural destes é a de salvagurdar o seu monopólio, de abrir a organização apenas aos Estados, de não acolher os indivíduos como tal. Por outro lado, o seu objectivo não é de modo nenhum constituir um poder acima deles, um governo supra-estadual, mas, a maior parte das vezes, procuram limitar-se à constituição de um areópago onde possam cooperar com vista à realização de um interesse comum. Daí a sua propensão para encarar a organização mais em termos de deliberação do que em termos de execução, para vê-la mais como uma assembleia de Estados do que como uma estrutura governamental. Só quando é dado um lugar aos indivíduos, numa fórmula integrada que ultrapassa os Estados, é que se assiste a uma passagem a técnicas que evocam o poder executivo. Ora, este facto conhece hoje uma importância suficiente para que, na instituição, o papel do homem, que se eleva através da organização à qualidade de sujeito do Direito das gentes, possa ser estudado a par com o do Estado.

I. – O Estado na organização

A organização internacional procede do colóquio; ela está na origem da perenidade da conferência diplomática. No espírito dos Estados, esta, juntamente com a organização, torna-se periódica; portanto, eles próprios participam nela em pé de igualdade: é a democracia directa interestadual. No entanto, ao lado dos órgãos plenários, que reunem todos os membros, as necessidades práticas exigem órgãos mais ligeiros, que incluem apenas alguns Estados e que agem por conta do conjunto: transposição da democracia representativa. Tanto nuns como nos outros põe-se o problema do apuramento da vontade comum, respeitante aos modos de votação.

1. Democracia directa e democracia representativa interestadual. – A) A democracia directa estabelece a confusão entre governantes e governados. Sendo de difícil aplicação na ordem interna, devido ao número de cidadãos, é, no entanto, frequente nas organizações internacionais. É o caso, por exemplo, da O.N.U., a maior de todas elas, que, em 1989, compreendia 160 membros ([1]) reunindo a quase totalidade da humanidade num número relativamente limitado de Estados. É a forma mais rudimentar e também a mais tranquilizadora para os Estados, que esperam assim preservar a sua soberania no próprio seio da sua associação. Tal é o sentido do artigo 2º da Carta da O.N.U.: a Or-

---
([1]) Após a entrada da Namíbia.

ganização é fundada com base no princípio da igualdade soberana de todos os seus membros. A concepção democrática de J. J. Rousseau explicava-se pela conservação da liberdade por parte dos indivíduos após a conclusão do contrato social. O mesmo se passaria com os Estados depois da ratificação da Carta da Organização. Assim sendo, o soberano só a si próprio pode confiar o cuidado de exprimir o bem comum. Os Estados fazem eles próprios parte dos órgãos.

Tal como na fórmula revolucionária francesa de 1793, preocupada em ficar o mais próximo possível da democracia directa, os delegados da Assembleia continuavam submetidos ao mandato imperativo do votante, a delegação estadual é constituída não por representantes, mas por agentes ligados pelas instruções imperativas dos seus governos. É certo que, na prática, estas injunções nem sempre são muito precisas e as delegações, nomeadamente nas Nações Unidas, compreendem numerosas pessoas, de temperamentos e aptidões diversos, cujos talentos podem orientar de forma decisiva um debate ou exercer uma influência real nas conversas de bastidores. Mas o facto é que, no momento da votação, juridicamente, só o Estado vota, segundo a regra «um Estado, um voto». Este sistema, o da Dieta confederal, encontra-se por vezes em todos os mecanismos de uma organização; é o caso da Organização dos Estados Americanos: Conferência interamericana, reunião dos Ministros dos Negócios Estrangeiros, Conselho que agrupa todos os membros. Mas, a maior parte das vezes, a par do órgão plenário, surge um órgão restrito que compreende apenas alguns membros.

B) *A democracia representativa.* – Ela marca um progresso na coesão dos Estados. Estes admitem que juntos constituem uma entidade nova cuja vontade pode ser expressa apenas por alguns deles, escolhidos para os representar, da mesma maneira que, na ordem interna, os cidadãos agrupados na nação designam alguns representantes nomeados no seu seio. Era o caso da S.D.N., é o do Conselho de Segurança da O.N.U. (15 membros), e de todos os órgãos restritos que se encontram nas instituições especializadas. Os Estados que os constituem devem justificar a confiança que neles é depositada pelos outros, colocar-se sob o ponto de vista do interesse geral e não considerar-se como privilegiados, podendo fazer prevalecer, graças a este cargo no órgão restrito, os seus interesses particulares. Precisamente para evitar isso, entre eles vigora um processo rotativo. No entanto, frequentemente, o sistema assume um carácter aristocrático: alguns Estados possuem um cargo permanente no órgão, quer com base na Carta da Organização, quer na sequência de uma eleição regularmente renovada.

O Conselho de Segurança comporta assim os «Cinco Grandes» (E.U., U.R.S.S., China, Grã-Bretanha, França), sendo os outros eleitos pela Assembleia-Geral de dois em dois anos. Com efeito, é impossível não dar um lugar de destaque aos Estados considerados como mais importantes, aquando da criação da organização, e como sendo aqueles que, de facto, exercem as mais pesadas responsabilidades. Precisamente por isso, esta «elite representativa» é obrigada, em princípio, a preocupar-se apenas com o bem comum. Embora lhe seja confiada a título permanente, a missão continua a ser a mesma. Saberão eles cumpri-la fielmente? Isso é uma outra questão: os Estados, máquinas feitas para defender os interesses nacionais, terão sempre dificuldade em apurar um interesse geral ou em manter-se fiel a ele. A instituição de conselhos restritos explica-se por várias razões: estabelecer órgãos mais fáceis de reunir, encarregá-los de determinadas tarefas que exigem uma decisão rápida (ainda que, a maior parte das vezes, não se verifique uma separação muito nítida das funções no interior das organizações); a preocupação de eficácia parece determinante, se é verdade que deliberar é tarefa de vários e agir de um pequeno número. Na realidade, o cálculo corre o risco de ser falseado se não se têm em conta os modos de votação, verdadeiros factores do dinamismo ou da letargia dos órgãos colegiais.

2. **Os modos de votação.** – O Estado é o cidadão da organização e aí dispõe do sufrágio, mas será que as grandes diferenças existentes entre as posições estaduais concretas também se podem manifestar no direito de voto?

A) *O Estado cidadão.* – Procedentes do Direito voluntário, os Estados são naturalmente levados a perpetuá-lo no seio da organização e a não entrar nela senão com a garantia que a regra da unanimidade confere à sua soberania. A unanimidade parece subordinar toda e qualquer conclusão de um debate ao acordo de todos. As pri-meiras organizações, e nomeadamente a S.D.N., estavam sujeitas a isso. Criticou-se vivamente o direito de veto que ela reconhece a cada um dos Estados membros e lamentou-se a paralisia a que condena o sistema. De facto, hoje em dia, está-se a desenvolver o recurso ao voto maioritário e, com isso, a eficácia ou, pelo menos, a rapidez no funcionamento dos órgãos. Mas a maioria, simples para as questões de procedimento, é qualificada com um rigor crescente, consoante a importância das questões debatidas (2/3, 3/4, 4//5). No entanto, a exigência de unanimidade está longe de ser posta de parte. Encontra-se mesmo em organizações como as Comunidades Europeias, apesar da estreita solidariedade que une os Estados que delas fazem parte e da reputação de progressismo de que gozam ([1]). Na verdade, é necessário ver o verdadeiro alcance da unanimidade: esta é difícil de conseguir e sobrecarrega os processos, mas, uma vez atingida, ganha em solidez o que perdeu em rapidez ([2]). Embora sendo muito embaraçosa nas organizações numerosas, ela é natural nos grupos formados apenas por alguns Estados, como é o caso das Comunidades dos doze ([3]), que formam um clube que se ocupa de problemas complicados nos domínios político e económico. Assim se explica igualmente que, em 1945, os

---

([1]) O Acto Único Europeu de 17-28 de Fevereiro de 1986 aumenta os casos de votação por maioria qualificada.

([2]) Difunde-se uma prática mais flexível: a do consenso, que assenta na ausência de oposição formal à solução proposta, na sequência de negociações, pelo presidente do órgão.

([3]) No entanto, por razões de eficácia, as Comunidades Europeias têm uma tendência crescente a privilegiar o recurso ao voto maioritário.

criadores da O.N.U., confirmando o Acordo de Ialta entre Americanos, Ingleses e Soviéticos, tenham construído a organização à volta do entendimento de cinco membros permanentes do Conselho de Segurança. Este delibera por maioria, mas ela deve compreender a unanimidade dos *Big Five*. Os litígios entre eles não poderiam, portanto, ser regulados por um voto maioritário: os grandes estão na O.N.U. para arbitrar os conflitos dos outros e não por causa dos seus. A Organização das Nações Unidas não está de modo nenhum destinada a garantir a coexistência pacífica, mas pressupõe-a como um postulado necessário. No Conselho de Segurança, a situação privilegiada dos Cinco Grandes faz deles super-representantes: o seu acordo é interpretado pela Carta como uma definição da vontade geral que apenas necessita de mais quatro votos para ser ratificado, solução que, pela igualdade que estabelece entre a conivência dos grandes e a felicidade de todos, pretenderia colocar o mundo sob a acção de um governo de coligação. É que aigualdade, pressuposta na ordem relacional e falsamente proclamada apesar dos constantes desmentidos da realidade, dificilmente resiste à passagem para uma instituição onde os Estados se associam tendo em conta as suas respectivas singularidades.

B) *O Estado situado* ([1]) é assim necessariamente tomado em consideração ainda que seja difícil atacar o sufrágio universal. Surge aqui uma distinção entre as

---

([1]) No sentido em que G. BURDEAU (*Traité de Science Politique*, Tomo VI) fala do homem situado.

organizações políticas (O.N.U., O.E.A., Conselho da Europa), para as quais a discriminação no alcance dos votos se revela psicologicamente impossível de impor aos Estados, e as instituições técnicas, nas quais se utiliza frequentemente a ponderação dos votos. A oposição do político e do técnico nem sempre é de fácil utilização. Mais vale precisar que, enquanto determina-das organizações de competências difusas dificilmente se prestam à ponderação, pretendendo cada um dos Estados ter a mesma qualidade para definir o interesse comum, outras, especializadas na solução de um problema concreto, levam Estados desigualmente providos de meios quantitativos a colaborarem. O caso é bastante nítido na ordem económica: assim o Conselho de Ministros das Comunidades Europeias (C.E.C.A., Mercado Comum, Euratom) vota segundo um sistema ponderado que consagra a importância da contribuição de cada um. Poderia parecer à primeira vista que, nestas Comunidades, mais do que em qualquer outra organização, os Estados se confrontam em situações claramente diferenciadas e que lhes será mais difícil definir um interesse comum sem recorrer a negociações laboriosas. Mas, precisamente, os Estados não são os únicos a ter a palavra: os homens falam e agem a seu lado.

II. – O indivíduo na instituição

A organização internacional isenta o homem do domínio estadual em três planos: como administrador, como governante e como governado.

1. **O homem administrador internacional.** — As organizações mais clássicas correspondem ao seguinte esquema orgânico: Assembleia plenária, Conselho restrito, Secretariado. Se os dois primeiros órgãos são colégios governamentais, o terceiro, em compensação, agrupa apenas indivíduos recrutados, em princípio, não na qualidade de delegados dos Estados, mas, tal como determina a Carta das Nações Unidas, em razão das suas «qualidades de trabalho, de competência e de integridade». Suzanne Basdevant foi a primeira a mostrar o carácter internacional destes funcionários. Colocados sob a autoridade de um Secretário-Geral, desprendem-se, em prol da sua carreira, do seu Estado de origem e apenas dependem da organização. Estão assim internacionalizados no exercício das suas funções. Este regime administrativo internacional tinha já dado resultados notáveis na S.D.N. graças ao elevado sentido de cooperação do pessoal, desenvolvido pelo trabalho em comum no interesse da comunidade dos povos. É certo que os governos não se resignam facilmente perante esta desnacionalização funcional, desejando preservar o controlo total sobre os seus nacionais, e que, por vezes, se verificam certas pressões estaduais. No entanto, a independência dos agentes resulta da sua integração num corpo autónomo (ainda que seja necessário respeitar um certo doseamento geográfico, a sua nomeação não está submetida ao seu Estado de origem) e da independência do Secretário-Geral. Nas Nações Unidas, ficou sempre estabelecido que este não deveria pertencer a uma grande potência. A Carta confia-lhe, aliás, uma determinada fun-

ção política, encarregando-o, nomeadamente, de chamar a atenção do Conselho de Segurança para toda e qualquer questão que, no seu entender, possa pôr em perigo a preservação da paz e da segurança internacionais. Dag Hammarksjold deu às suas atribuições políticas um desenvolvimento que evocava, sob vários aspectos, as do homem de governo.

2. O homem, governante internacional. – O advento do homem no poder internacional, de forma autónoma, liberto da sujeição ao Estado, só foi possível no dia em que a sua investidura pareceu depender da sua qualificação pessoal e não da sua dependência estadual. A proliferação dos organismos especializados deu aos técnicos uma influência considerável sobre os delegados governamentais que aí se encontram. No entanto, estes técnicos não estão isentos da autoridade do Estado. Mais interessante a este respeito é a solução da O.M.S.: a Assembleia escolhe 24 Estados que, por sua vez, designam igual número de técnicos que constituem o Conselho de que vão fazer parte, não como delegados dos Estados, mas a título individual e como mandatários de toda a Assembleia. Não só no órgão restrito, mas também na conferência plenária, a Organização Internacional do Trabalho compreende, a par dos representantes dos Estados, delegados dos sindicatos patronais e de trabalhadores, os quais exercem um direito de voto individual. É nas instituições europeias que o indivíduo emerge mais nitidamente, quer como técnico dotado de poderes jurídicos reais, quer como parlamentar, exprimindo uma opinião pública internacional.

A) A Comissão das Comunidades Europeias, procedente da fusão, em 1967, da Alta Autoridade da C.E.C.A. e das Comissões da C.E.E. e da Euratom, compreende, após a adesão de Portugal e da Espanha, 17 membros independentes. Todos eles são nomeados pelo conjunto dos governos membros e não representam nenhum a título exclusivo. Tal como refere o Tratado que instituiu a C.E.C.A. (art. 9º): eles «exercem as suas funções com toda a independência no interesse geral da Comunidade». Da mesma forma, são obrigados a permanecer livres de toda e qualquer ligação no que respeita aos governos ou aos interesses privados. É precisamente para garantir a persistência dos Estados que existe um Conselho de Ministros, e para evitar o risco da tecnocracia, submetendo-os ao controlo da opinião pública, é instituída uma Assembleia Parlamentar Europeia, capaz de, através do voto de uma moção de censura, obrigar a Comissão a demitir-se. Assim surge a demo-tecnocracia, fórmula tripartida que garante o dinamismo da organização não só pelos Estados, mas também pelos técnicos e pelos parlamentares, realizando deste modo uma articulação entre o Estado, o indivíduo e a Nação.

B) *As Assembleias Europeias.* — A primeira foi a do Conselho da Europa que, a par do Comité de Ministros, que reune os 21 Estados membros, é constituída por 177 representantes. Cada Estado membro envia um determinado número de parlamentares «eleitos pelo seu Parlamento ou designados segundo um processo estabelecido por este». Hoje é um orgão parlamentar e não diplomático, constituído por indivíduos em vez de Estados. É certo que cada país dispõe aí de um número de lugares proporcional à sua população (número esse que varia entre 18 e 2), mas isso tem a ver com a aplicação de um princípio tradicional no federalismo. Sendo a Assembleia composta por representantes dos povos, e não dos governos, a ponderação estabelece-se ao nível das nações, e não dos Estados. Aliás, o voto por cabeça favorece uma integração, acentuada pelas tradições parlamentares colocadas ao serviço de um espírito europeu. Fenómeno igualmente notável na Assembleia Parlamentar Europeia, a das Comunidades ([1]), constituída por deputados eleitos por sufrágio universal directo, desde Junho de 1979. Os seus 518 membros ([2]) repartem-se, por afinidades políticas e não consoante a sua nacionalidade, em grupos parlamentares traduzem a vitalidade de famílias ideológicas transnacionais. Estas Assembleias, que já não dão a palavra aos Estados, mas às nações e aos indivíduos que as representam, são emanações supranacionais que tendem a forjar uma consciência europeia. Elas correspondem a uma necessidade profunda: existe uma na União da Europa Ocidental e na O.T.A.N.; nas Convenções de Lomé C.E.E.-A.C.P. (África, Caraíbas, Pacífico) de 1975, 1979 e 1984.

([1]) Em 30 de Março de 1962, esta Assembleia decidiu adoptar o nome de Parlamento Europeu.
([2]) Número actual de deputados (N. da T.)

Convém referir ainda a este respeito os Parlamentos andino (1979), centro-americano (1987) e latino-americano (1987).

Assim surge um meio de a opinião pública internacional apreciar a acção dos Estados, um elo de ligação transnacional entre governados e governantes.

3. **O homem, governado internacional.** — Como governado, o indivíduo vê acentuar-se a humanização da ordem internacional, graças à organização interestadual, e tem a liberdade de criar por si próprio organizações privadas.

A) A organização pública vai a par com a proclamação dos direitos do homem. A Carta da O.N.U. afirma a ligação entre a manutenção da paz e determinadas condições políticas, económicas e sociais. Nas Nações Unidas, a Assembleia Geral aprovou em 10 de Dezembro de 1948 uma Declaração Universal dos Direitos do Homem (completada em 20 de Novembro de 1959 por uma Declaração dos Direitos da Criança ([1]). Foram, assim, afirmados os direitos à vida, à liberdade física, à justiça, à propriedade, à liberdade de expressão, à educação, ao trabalho, etc. Este texto não é acompanhado de qualquer sanção, mas o facto é que ele facilitou os debates da Assembleia Geral sobre os direitos do homem (caso húngaro, discriminação

---

([1]) Em 1989, sob a égide da O.N.U., foi elaborada uma Convenção sobre os direitos da criança.

racial na União Sul-Africana, repressão chinesa no Tibete), ou a elaboração de convenções como a do genocídio, adoptada em 9 de Dezembro de 1948, e a da eliminação de todas as formas de discriminação racial, adoptada em 21 de Dezembro de 1965. Em 16 de Dezembro de 1966, as N.U. aprovaram dois Pactos dos Direitos do Homem, definindo o seu conteúdo e visando fazê-los respeitar. No Conselho da Europa passou-se claramente ao estado construtivo. A Convenção de Salvaguarda dos Direitos do Homem e das Liberdades Fundamentais, preparada pela Assembleia Consultiva e assinada em 4 de Novembro de 1950, rompe com os processos habituais da protecção diplomática, permitindo a qualquer Estado informar a Comissão Europeia dos Direitos do Homem sobre o não reconhecimento por parte de um outro Estado de um dos direitos definidos pela Convenção, mesmo em relação a um indivíduo de outra nacionalidade. Por outro lado, é reconhecido ao indivíduo um direito de petição individual perante o mesmo órgão. Advertido por um Estado ou por um particular, este tenta uma conciliação e, em caso de insucesso, redige um relatório para o Comité de Ministros, o qual estatui sobre a violação da Convenção e sobre as medidas a tomar. Os Estados ou a Comissão podem ainda recorrer a um outro órgão – o Tribunal Europeu dos Direitos do Homem ([1]). É certo que o estatuto internacional do indivíduo permanece ainda limitado, mas uma evolução

---

([1]) A Convenção de 1950 foi completada por oito protocolos, incluindo o do 28 de Abril de 1983 sobre a abolição da pena de morte.

decisiva está em curso, como o evidencia igualmente o desenvolvimento das organizações privadas.

B) As organizações privadas são bastante antigas e, hoje, bastante numerosas (mais de um milhar). Umas são associações nacionais de actividade internacional (Fundação Carnegie); as outras, completamente independentes do quadro estadual, são internacionais tanto pela sua composição como pela sua finalidade (Cruz Vermelha). A capacidade jurídica das primeiras não deixa qualquer dúvida quanto aos territórios onde foram criadas, mas, na ordem internacional, elas defrontam-se com a evicção de princípio das entidades extra-estaduais, evicção essa particularmente grave para as segundas, desprovidas assim de toda e qualquer capacidade jurídica. Em consequência disso, a organização interestadual veio em seu auxílio. Com base no artigo 71º da Carta, 692 organizações foram, em 1983, dotadas do estatuto consultivo junto do Conselho Económico e Social da O.N.U. e autorizadas, em determinadas condições, a enviar representantes às sessões públicas deste órgão. As instituições especializadas chegam por vezes ao ponto de convidar as organizações não governamentais a empreenderem tarefas específicas ([1]).

([1]) Observa-se uma evolução a favor do estatuto internacional das O.N.G.: no plano europeu, a Convenção de 24 de Abril de 1986 reconhcendo-lhes uma personalidade jurídica; no plano universal, a resolução da Assembleia Geral das N.U. (1988) reconhecendo o seu papel na assistência humanitária.

CAPÍTULO II

CONDICIONAMENTO DO PODER

O facto de, na origem da organização, se encontrar um compromisso voluntário dos Estados, que eles continuam a estimular internamente, não impede que a ordem jurídica institucionalizada tenda a colocar um limite à livre determinação do Estado. A partir do momento em que este entre na organização, fica submetido ao respeito pelas normas fundamentais, expressas na carta constitutiva. Mas esta hierarquia normativa encontra-se aqui reforçada por uma hierarquia orgânica, muitas vezes mais esboçada do que propriamente assegurada. Esta primazia das normas fundamentais do sistema encontra-se, no entanto, suficientemente garantida para que o poder do Estado, deixando de ser supremo, espontâneo, libertário, sofra limites, deva ser aceite pela organização e suporte uma determinada regulamentação que esta tem a faculdade de adoptar para desenvolver os princípios estabelecidos na Carta de base. Na organização, o Estado é limitado, aceite e regulamentado.

I. — Limitação do poder do Estado

Uma vez criada, a organização tem vida própria: goza de uma certa autonomia em relação aos Estados e exerce uma certa autoridade relativamente aos seus membros.

1. Autonomia da organização. — Contrariamente à análise que os voluntaristas fizeram das primeiras organizações internacionais, estas não são um simples quadro, aberto às discussões dos governos e à conclusão de acordos entre eles. A constituição de uma organização implica sempre um triplo efeito: 1) a instituição de órgãos permanentes; 2) uma divisão de competências entre os membros e os órgãos, divisão essa que pode ser muito desigual em benefício dos Estados; 3) o apuramento de uma vontade própria.

A) *A permanência dos órgãos.* — Esta significa não uma actividade quotidiana e ininterrupta, mas estruturas cujo funcionamento, em princípio, não está de modo nenhum subordinado a uma convocação e se insere em sessões de periodicidade regular. Os órgãos colectivos intergovernamentais distinguem-se assim da simples conferência diplomática, para a qual, além do mais, a escolha dos participantes origina problemas políticos por vezes delicados. Quanto ao órgão administrativo, o Secretariado, pode dizer-se que funciona efectivamente de modo contínuo. Como explica Reuter: «a permanência da organização traduz apenas a sua independência em relação aos seus membros; não permanente, a organização fica pendente da vontade dos Estados para cada um dos actos que é susceptível de assegurar; sendo permanente, ela impõe-se aos Estados.»

B) *A divisão das competências.* – a) A organização não dispõe como o Estado desse poder primário e plenário a que se dá o nome de soberania. Ela recebe dos Estados criadores um certo número de competências em determinados domínios, a fim de satisfazer uma necessidade sentida internacionalmente.

Chaumont explica isto justamente pela ideia de serviço público. Certamente que esta finalidade será mais ou menos estritamente concebida pela Carta de base; é sempre a esta última que será preciso recorrer para apreciar as competências reservadas aos órgãos. Mesmo se a necessidade comum é de ordem política (O.N.U., Conselho da Europa), os Estados não alienam à instituição uma transferência integral de competências: eles apenas reconhecem aos órgãos societários poderes destinados a certos fins. É o que se chama a regra da especialidade, norma que rege a capacidade jurídica das pessoas morais em Direito interno e em Direito internacional. Esta implica a interdição, para os órgãos, de agirem com determinados fins que não sejam os consignados pela Carta. O risco de paralisia que esta regra faz correr à organização é atenuado pela necessidade de a não reprimir por uma interpretação demasiado literal dos textos. Ela deve, apesar da especialidade determinada nos seus estatutos, funcionar de forma útil. Segundo o parecer do T.I.J. no caso das reparações (em 1949), presume-se que possui poderes que, «se não são expressamente enunciados na Carta, são, por uma consequência necessária, conferidos à organização como sendo essenciais ao exercício das suas funções». Deste modo surgem os poderes implícitos. Desta dialéctica da especialidade e da efectividade destaca-se a noção de competência funcional. Através dela, na prossecução do seu objectivo estatutário, a organização goza de vida própria e de uma suficiente liberdade de acção. Tem nomeadamente a faculdade de instituir órgãos subsidiários (Tribunal Administrativo das Nações Unidas), conferindo-lhes atribuições diferentes das que o próprio órgão criador possui, a não ser que elas se exerçam no sentido da finalidade da organização (parecer do T.I.J., de 9-12-1953). Isto depende, com efeito, da repartição de competências entre a instituição e os Estados.

b) A linha de divisão é estabelecida pelo domínio reservado aos Estados. Assim, o artigo 2º, parágrafo 7, da Carta das Nações Unidas, proíbe a Organização de «interferir em casos que dependam essencialmente da competência nacional de um Estado» (cfr. art. 15º, parágrafo 8, do Pacto da S.D.N.). Trata-se de uma disposição sistematicamente invocada pelos Estados postos em causa perante um órgão das Nações Unidas. No entanto, nestas últimas, a excepção nunca foi seriamente mantida. O dinamismo da organização sobrepôs-se a ela, e, na ordem do dia do órgão responsável, foram inscritos múltiplos casos, nomeadamente em matéria de descolonização. Isso deve-se tanto à definição bastante lata das competências da O.N.U. como à ausência de um órgão jurisdicional qualificado para determinar a natureza interna ou internacional de um caso. O T.I.J. não está muito disposto a desempenhar este papel e a questão é decidida por órgãos políticos. Nas Comunidades Europeias, em contrapartida, o Tribunal de Justiça pronuncia-se sobre os recursos de anulação por incompetência, violação do tratado ou desvio de poder, apresentados contra os actos da Comissão por um dos Estados membros ou pelo Conselho. Tendo os Estados atribuído às Comunidades competências importantes, numa matéria bastante concreta, preocuparam-se em organizar um controlo jurisdicional que demonstre com toda a garantia a vitalidade dos executivos comunitários.

c) A vontade própria da organização resulta desta esfera de competência que lhe foi atribuída. Também nesse aspecto a organização se diferencia da conferência diplomática. Enquanto esta não conduz senão a um tratado interestadual, a medida tomada pelo órgão é juridicamente a expressão não de um conjunto de vontades estaduais justapostas, mas de uma vontade unitária, imputável ao órgão.

Com efeito, na conferência, os actos dos representantes dos Estados são atribuídos a estes; na organização, há, pelo contrário, extroversão dos seus actos para o órgão e é a ele que são imputados. O fenómeno é bastante nítido quando a decisão é tomada por maioria simples ou qualificada. Mas a própria decisão unânime, ainda que constituindo o último recurso, não é de modo algum um acto conjunto dos diversos Estados, como o tratado; trata-se de uma decisão do órgão a qual intervém em nome da colectividade constituída e não dos seus membros. A partir do momento em que o órgão extrai do pacto de base uma competência que lhe pertence por direito, a exigência da unanimidade, sem dúvida difícil de conseguir, deve realizar-se segundo processos particulares, no interior deste órgão, que apenas tem qualidade para exprimir a vontade do grupo, orientada para finalidades sociais estatutariamente definidas. Esta vontade específica da organização exerce uma pressão mais ou menos forte sobre os Estados.

2. **Autoridade da organização em relação aos Estados.** – Estes admitem mais facilmente receber conselhos do que ordens por parte da organização. Com efeito, existe uma distinção entre recomendações e decisões.

A) As *recomendações,* em princípio, não vinculam os Estados. A S.D.N. não podia tomar medidas mais decisivas; ainda hoje elas são regra na O.N.U., assim como na maior parte das organizações. Embora desprovidas de qualquer força vinculativa, não estão, no entanto, privadas de todo o alcance jurídico. Constituem, como diz Virally, «um convite a observar um determinado comportamento». São, aliás, frequentemente aceites: recomendações do Conselho de Segurança para a intervenção das Nações Unidas na Coreia, da Assembleia Geral, no caso do Suez.

A recomendação fornece um título jurídico ao Estado que a aceita e que age com base nela. Aprofundando a sua análise, é possível classificá-las em três tipos diferentes:

1) As recomendações simples: do ponto de vista estritamente jurídico, o Estado conserva, em relação a estas, uma completa liberdade. Isso não impede que a recomendação exista e exprima a opinião da organização e possa, sendo formulada por meio de declaração à Assembleia Geral das N.U., pretender constatar um princípio político-jurídico, vinculativo aos olhos da grande maioria que o proclama, e encarregar-se da sua força coactiva.

2) As recomendações controladas comportam um certo elemento vinculativo: o de, para o Estado que as não executa, justificar a sua recusa. O Comité de Ministros do Conselho da Europa pode assim convidar os governos a revelarem-lhe o destino por eles dado às suas recomendações.

3) As recomendações de resultado, previstas por tratados respeitantes às Comunidades Europeias, vinculam os Estados quanto ao resultado a atingir, deixando às instâncias nacionais a competência quanto à forma e aos meios. Está-se então muito perto da decisão.

B) As decisões não são tão raras como se poderia julgar, mas a maior parte diz respeito ao funcionamento interno da organização: aprovação do orçamento para a Assembleia plenária, regulamento interno estabelecendo o processo de actuação seguido pelo órgão. No entanto, em relação aos membros, estão previstas decisões vinculativas no quadro das Nações Unidas e nas Comunidades.

1) O capítulo VII da Carta confere ao Conselho de Segurança um verdadeiro poder determinador para lutar contra a agressão. Se ele a constata, pode tomar medidas que os Estados membros, pelo artigo 25º, se comprometeram a executar. Com efeito, o exercício deste poder foi impedido pelo veto. Por outro lado, o artigo 94º afirma o carácter vinculativo dos acórdãos do T.I.J.

2) O poder de decisão é reconhecido às Comunidades Europeias. Encontramo-nos aí em presença de tratados-quadro que deixam à Comissão e ao Conselho uma função legislativa destinada a permitir a sua aplicação efectiva.

Do mesmo modo, dois domínios ilustram este poder de decisão nas organizações: o da administração dos novos membros, na ordem processual, e o das implicações na elaboração normativa, assim nitidamente liberta das tradições contratualistas dos tratados.

II. – Aceitação do Estado pela organização

É a uma decisão desta que ele deve a sua entrada. A constituição de um novo Estado suscita na ordem relacional reacções desordenadas, pois alguns Estados reconhecem o novo parceiro enquanto outros se recusam a fazê-lo. A partir do momento em que nos encontramos numa sociedade organizada, uma tal relatividade já não é concebível. A anarquia dos reconhecimentos deve ser substituída pela aceitação colectiva do novo membro na organização: se o aparecimento de um novo Estado é um fenómeno natural e espontâneo, a qualidade de membro não o é. Para aspirar a tal é preciso preencher determinadas condições impostas pela carta de base e que devem ser consideradas satisfeitas pela organização.

A primazia das normas estatutárias impõe que, uma vez admitido, o Estado lhe permaneça fiel, salvo se sair ou se correr o risco de ser expulso.

A) A distinção entre organizações abertas e organizações fechadas traduz uma diferença de regime nas exigências impostas pelos tratados constitutivos ao acesso de um novo membro. Esta oposição ambígua não recobre absolutamente nada a das organizações universais e das organizações regionais. A O.E.A. está, em princípio, aberta a todos os Estados do continente americano. Em contrapartida, nem todos os Estados europeus têm o mesmo direito de entrar para o Conselho da Europa. Se as condições geográficas, objectivamente incontestáveis, são determinantes, dir-se-á que a organização está aberta à escala regional. A distinção reside, portanto, essencialmente no carácter objectivo ou subjectivo das condições impostas pelo Tratado à entrada dos novos membros: se está subordinada a condições de fundo (natureza democrática do seu governo) e se elas próprias são interpretadas de forma restritiva pela organização, esta será considerada como fechada. Com efeito, as cartas acumulam frequentemente os critérios objectivos e subjectivos e a prática apresenta diversas situações que vão do fórum (tipo O.N.U.) ao clube (Comunidades Europeias). Assim, é possível, no quadro de uma organização, construir uma noção da legitimidade política que a disparidade de éticas, na sociedade relacional, tornava inacessível. Será preciso então que as autoridades que pedem para entrar no sistema não governem apenas efectivamente, mas que, para além disso, correspondam à ideologia proclamada por ele (o Conselho da Europa, ligado à democracia representativa e liberal, recusa a Espanha franquista, assim como a Jugoslávia). Num organismo como a O.N.U., a ética democrática muito imprecisa permite tanto a entrada dos Estados politicamente mais díspares, como a rejeição da candidatura do governo da República Popular da China, seguida da sua admissão em 1972. Na ausência de uma ideologia coerente, a O.N.U. dispõe de um processo de orientação rigoroso. A admissão processa-se aí na sequência de um voto maioritário de 2/3 da Assembleia Geral por recomendação do Conselho de Segurança. Enquanto foi inteiramente dominada pelo clube dos Cinco Grandes, a entrada de novos membros foi bastante reduzida pelas negociações entre Ocidentais e Soviéticos. Quando, graças ao degelo que se seguiu à morte de Estaline, se pôde proceder, em 1955, à admissão em bloco de 16 Estados, tornou-se ponto assente que o acesso de qualquer colectividade à independência conduziria quase automaticamente à sua entrada na O.N.U., cujo voto parece assim certificar a regularidade do novo Estado.

B) A primazia das normas constitutivas impõe aos membros, uma vez admitidos, a obrigação de lhes permanecerem fiéis, salvo se se retirarem da organização ou se forem expulsos. Embora na S.D.N. o direito de saída fosse admitido, a secessão não é formalmente prevista pela Carta; no entanto, a Indonésia saiu da Organização em 1965. Um membro podia ser suspenso ou excluído a título de sanção pelo seu comportamento internacional; desde 1974 que a União Sul-Africana se encontra privada do direito de participar nos debates da Assembleia Geral. Na O.E.A., a orientação internacional do regime cubano surgiu como um grave desvio em relação à doutrina política do sistema interamericano. No entanto, aos Estados americanos repugna-lhes fazer intervir a organização nos assuntos internos, e apenas conseguiram votar (Janeiro de 1962) a suspensão das actividades de Cuba no seio da O.E.A. Na verdade, é no interior da organização que um Estado suspeito estará em melhores condições de ser regulado.

III. – Regulamentação do poder do Estado

Na organização, o Estado deixa de ser libertário; daí em diante, o seu comportamento passa a ser orientado: a organização regula o direito convencional e exerce ela própria um poder regulamentar.

1. **A organização do direito convencional** incide não só sobre as técnicas, mas também sobre o fundo das competências convencionais dos Estados membros.

A) No plano técnico:

a) A organização favorece o desenvolvimento dos mecanismos de elaboração colectiva das convenções que observámos na ordem relacional. A Assembleia Geral da O.N.U. e a Assembleia Consultiva do Conselho da Europa adoptam textos segundo processos de tipo parlamentar e já não diplomático. Todos os membros, independentemente da sequência que pensem dar ao projecto de convenção no momento em que este lhes for apresentado para ser ratificado, podem participar na discussão e na preparação de um texto cuja aprovação pelo órgão será efectuada por maioria.

b) Este processo é igualmente utilizado fora da organização em conferências de codificação, realizadas sob os seus auspícios. Retomando uma iniciativa da S.D.N., as Nações Unidas trataram de mandar codificar certas matérias do Direito das gentes. A Assembleia Geral confiou à Comissão de Direito Internacional, órgão especializado composto por juízes eminentes, o cuidado de determinar essas matérias e de preparar as propostas de convenções. Em 1958, realizaram-se algumas conferências em Genebra (Direito do mar) e em 1961, 63, 68-69, 77-78 e 1983 em Viena (estatuto diplomático, consular, direito dos tratados, sucessão de Estados em matéria de bens, arquivos e dívidas de Estado). Este conjunto foi completado pela Convenção de 21 de Março de 1986 sobre os tratados entre Estados e organizações internacionais ou entre estas últimas.

c) Sendo estabelecidas na organização ou pura e simplesmente sob a sua égide, as convenções permanecem sujeitas à ratificação. No entanto, na Organização Internacional do Trabalho, elas devem ser apresentadas por cada um dos governos, no ano seguinte ao encerramento da sessão da Conferência Internacional do Trabalho, ao órgão legislativo do seu respectivo país.

d) Por último, a organização assegura a publicação dos tratados. Já o Pacto da S.D.N., no intuito de pôr termo à diplomacia secreta, recusava qualquer validade aos compromis-sos não registados no Secretariado. Sem chegar a uma sanção tão rigorosa, a prática, consagrada hoje pelo artigo 102º da Carta das Nações Unidas, proíbe a invocação do acordo perante um órgão da organização. As compilações dos tratados são publicadas pelo Secretariado da O.N.U. A publicidade dos acordos permite nomeadamente à organização verificar o comportamento internacional dos seus membros.

B) Com a sua entrada na organização, os Estados vêem a sua liberdade convencional ser limitada: eles não podem concluir um acordo ignorando a carta de base e o facto é que a organização exerce um certo controlo no que respeita à sua aplicação.

a) A superioridade hierárquica da Carta das Nações Unidas em relação aos tratados concluídos pelos seus membros é formalmente afirmada pelo artigo 103º: «Em caso de conflito entre as obrigações dos membros das Nações Unidas em virtude da presente Carta e as suas obrigações, em virtude de qualquer outro acordo internacional, as primeiras prevalecerão.»

b) A aplicação da Convenção que dá origem à organização deixa a maior parte das vezes aos próprios Estados signatários o cuidado de prosseguirem os objectivos que ela lhes destina. Na ausência de um poder para administrar directamente a execução do tratado, as organizações exercem sobre os governos um controlo, que vai, consoante o grau de autoridade que lhes é atribuído, do pedido de informações até à verificação das infracções e mesmo à aplicação de sanções (Inspecção da Repartição Internacional sobre as Convenções do Trabalho).

c) As organizações internacionais têm à partida um poder de interpretação das convenções que é exercido pelos órgãos colegiais, pelos secretariados, e até, embora mais raramente, por um órgão jurisdicional. Graças a este poder, as organizações têm uma participação activa no dinamismo das convenções, na sua revisão.

d) Na ordem relacional, o voluntarismo estadual corre o risco de gerar situações de impasse: um signatário que reivindica, o outro que recusa rever o acordo.

A intervenção da organização parece poder renovar o problema:

1) Face ao direito convencional geral, ela poderia, enquanto autoridade, senão superior, pelo menos exterior às partes, facilitar a adaptação dos acordos afectados pela evolução das circunstâncias. O Pacto (art.19º) autorizava a Assembleia da S.D.N. a convidar os seus membros a procederem a um novo exame dos tratados que se tornaram impraticáveis. Esta disposição não teve, contudo, qualquer aplicação. A Carta não prevê nenhum artigo específico nesse domínio: o problema apenas poderia ser abrangido no âmbito geral da acção da O.N.U., no intuito de manter a paz. Os Estados recusam-se a conferir à organização um direito de fiscalização demasiado extenso sobre o exercício das suas competências convencionais. Em compensação, deixam-lhe uma maior liberdade no que respeita à sua própria Carta constitutiva.

2) Esta prevê os processos da sua revisão, segundo o mecanismo tradicional, simétrico ao da sua criação. No entanto, sem recorrer a este sistema puramente interestadual, a organização, pelo simples facto do seu funcionamento e da interpretação que tem dos seus poderes implícitos, consegue, na prática, evadir-se das previsões originárias dos seus criadores. Este desenvolvimento da carta constitutiva reveste uma importância real, nomeadamente nas Nações Unidas (Resolução União para a Paz de 1950) ([1]) e mais nitidamente ainda nas Comunidades Europeias, tendo a

---

([1]) Resolução votada por instigação do Secretário de Estado Dean Acheason e que tinha por efeito fazer passar, sem revisão da Carta, o centro de gravidade da organização do Conselho de Segurança para a Assembleia Geral.

C.E.E. e a Euratom recebido poderes para modificarem os seus tratados constitutivos por via regulamentar.

2. O poder regulamentar. – No exercício da sua vontade própria, as organizações internacionais adoptam disposições de alcance geral. Estas já não resultam de um acordo de tipo convencional, mas, inteiramente, de um acto regulamentar, existindo juridicamente desde a sua emissão pelo órgão competente, ainda que a sua força vinculativa nem sempre seja igual. Só uma organização subordinadora disporia de um poder legislativo capaz de se impor aos Estados e de substituir o seu *treaty making power*. Uma tal competência parece, pois, ser absolutamente excepcional, limitando-se a maior parte das organizações a promover a cooperação entre os seus membros. No entanto, mesmo estas últimas exercem, em determinados domínios, um poder de regulamentação que se impõe aos seus membros. Neste sentido, é possível estabelecer as seguintes distinções:

1) Os regulamentos funcionais que respeitam aos objectivos da organização. Estes são, em princípio, seguidos pelos membros sob a coordenação da instituição, mas ela própria toma deliberações de ordem essencialmente técnica, regulamentando, por exemplo, a navegação aérea (O.A.C.I.), ou a protecção sanitária (O.M.S.). Um tal regulamento aplica-se a todos os membros, salvo em caso de recusa motivada por parte do Estado que a isso pretenda subtrair-se. Nas Comunidades Europeias, especial-

mente na C.E.E. e Euratom, uma verdadeira função legislativa é confiada ao Conselho que estatui sem ter de se submeter às condições que o Direito interno impõe à execução dos compromissos internacionais. É no exercício desses poderes que as Comunidades adoptam aquilo a que se poderia chamar regulamentos de desenvolvimento, através dos quais asseguram a aplicação dinâmica e evolutiva do tratado constitutivo.

2) Os regulamentos orgânicos estabelecem as normas de procedimento dos órgãos, o estatuto dos funcionários, as disposições orçamentais. O seu alcance vinculativo não deixa qualquer dúvida. Os textos financeiros têm, no entanto, implicações políticas; alguns Estados recusam-se a participar em despesas consideradas por eles como inoportunas ou irregulares. O T.I.J., por meio de um parecer de 20 de Julho de 1962, não deixou de considerar obrigados a participar no financiamento das operações legalmente decididas pela maioria os membros que não as tivessem aprovado. As intervenções da O.N.U. no Médio Oriente e no Congo haviam suscitado reservas por parte de numerosos Estados que, desde logo, se recusaram a pagar a sua quota parte das despesas motivadas por essas operações. O parecer do Tribunal, ao mesmo tempo que demonstra o condicionamento dos Estados, dá à organização um apoio importante na sua função de pacificação da ordem internacional.

CAPÍTULO III

REPRESSÃO DO PODER

Na sociedade institucional, a força dos Estados deve ser substituída pela da organização, detentora, a partir desse momento, do monopólio da violência legítima. O que é fundamental, com efeito, é a salvaguarda da ordem pública. No caso de esta ser perturbada, o essencial não é calcular o valor das pretensões estaduais que se opõem, mas restabelecer em primeiro lugar a paz, nem que para isso se tenha de fazer a apreciação dos direitos, favorecer os compromissos ou decidir o contencioso. Só a certeza de uma coacção social quase automática afastará a agressão e conduzirá perante o juiz aquele que a isso for tentado. A determinação do polícia é a melhor garantia do recurso ao juiz. Este postula:

1) Que os sujeitos de direito não possam recorrer à força, estando esta a cargo da instituição;

2) Que os litígios possam encontrar para a sua resolução jurisdições pré-constituídas, com sentenças execu-

tórias. A organização internacional orientou-se efectivamente nestes dois sentidos, mas calcula-se que não tenha podido ir muito longe e que os Estados tenham conseguido desviá-la.

I. – **Proibição do recurso à força**

Enquanto o Pacto da S.D.N. não prescrevia a guerra de um modo absoluto, deixando-a subsistir como via de execução de um título jurídico, a Carta das Nações Unidas (art. 2º, par. 4) estabelece uma proibição geral para os Estados membros de «recorrerem à ameaça ou ao emprego da força, quer contra a integridade territorial ou a independência política de todo e qualquer Estado, quer de qualquer outra forma incompatível com os objectivos das Nações Unidas». A competência de guerra é afastada. A partir daí, num universo pacificado, já não há lugar para a intervenção, excepto para a da organização, protectora dos países em vias de desenvolvimento (e é o repúdio do fenómeno colonial) e garante da manutenção da paz (e é a substituição da guerra pela polícia).

1. **Não intervenção dos Estados e repúdio do fenómeno colonial.** – A não intervenção já não é uma receita política, mais ou menos praticada, como acontecia na sociedade relacional; na instituição, ela é um princípio necessário, apenas sendo admissível uma única intervenção, a sua. Compete-lhe expulsar o imperialismo. Ora,

este pode encontrar nos países pobres um campo de expansão natural nos planos político e económico. Nestas duas áreas, a organização internacional intervém, pelo exercício de uma função descolonizadora e pela assistência técnica.

A) *A função descolonizadora.* — O direito dos povos à autodeterminação, gerador da anarquia na ordem relacional, não pode ser construído juridicamente senão num sistema institucionalizado, o único apto a verificar as nacionalidades e a facilitar-lhes a promoção a Estados. Foi precisamente assim que a O.N.U. concebeu o seu papel, ainda que, uma vez confiada a órgãos altamente politizados, esta função perca a sua objectividade técnica e se insira nas diversas tensões que devastam o mundo. As Nações Unidas são animadas por um anticolonialismo difuso, avivado pela entrada maciça dos novos Estados do Terceiro Mundo, hoje maioritários na Assembleia Geral. Esta conseguiu exercer um direito de controlo geral sobre os problemas de descolonização: apoiou sistematicamente as reivindicações de independência (África do Norte, colónias portuguesas, etc.). Dois textos fundamentais assinalam este movimento: por um lado, o artigo 1º, 2º da Carta, proclamando o direito dos povos à autodeterminação e a sua igualdade sem distinção de raça, de língua ou de religião; por outro lado, a resolução de 14 de Dezembro de 1960, garantindo a independência dos países e povos coloniais com base em determinadas regras definidas pela Assembleia Geral. A organização extrai da Carta competências directas de intervenção.

a) O regime dos territórios não autónomos é fixado pelo artigo 73º que, primeiro, impõe aos Estados que os administram certas obrigações e, nomeadamente, a de desenvolver as capacidades das populações para se administrarem a si próprias; segundo, institui um controlo sobre a gestão desses territórios: as autoridades são obrigadas a comunicar regularmente ao Secretário-Geral informações relativas às condições económicas, raciais e culturais. Um Comité *ad hoc,* criado a partir de 1946 pela Assembleia, recebe as informações e envia-lhe o seu relatório, desempenhando assim, para esses territórios, um papel semelhante ao do Conselho de Tutela.

b) A tutela internacional prolonga no quadro das Nações Unidas o sistema dos mandatos estabelecidos pela S.D.N. Poder-se-ia conceber que, estatutariamente, a O.N.U. designasse o tutor e exercesse um controlo *a priori* sobre os seus actos. Na realidade, tanto em 1945, como em 1920, são as grandes potências que se instituem a si próprias como tutoras. A Assembleia Geral não conseguiu impor à União Sul-Africana que colocasse o Sudoeste Africano sob o regime de tutela; no entanto, o T.I.J. reconheceu à O.N.U. o direito de pôr termo ao mandato (parecer de 20 de Junho de 1971); a partir de 1967, a organização aplicou um regime provisório a este território, baptizado com o nome de Namíbia em 1968 ([1]). No regime de tutela, o controlo consiste em verificar *a posteriori* a

---

([1]) Em 1989, o acordo entre a África do Sul, Angola e Cuba vai levar à independência da Namíbia.

gestão dos tutores. Ele está longe de ser insignificante, ainda que seja confiado a um órgão interestadual, o Conselho de Tutela, compreendendo os membros permanentes do Conselho de Segurança e dos Estados, eleitos por três anos, enquanto a omissão de Mandatos da S.D.N. era composta por personalidades independentes ([2]). Este órgão examina um relatório anual do Estado tutelar, organiza visitas periódicas de inspecção e recebe directamente petições emanadas dos habitantes dos territórios sob tutela. Enfim, a Assembleia Geral reconhece a si própria a competência para recomendar ao Estado administrante que estabeleça o prazo no qual a tutela deve terminar. Os referendos que intervieram neste sentido nos Camarões Britânicos ou no Togo implicaram uma intervenção bastante activa por parte da organização. O regime, que abrangeu 11 territórios, está actualmente em vias de desaparecer devido à emancipação dos países sob tutela. Se, por um lado, esta lhes dá a independência política, por outro, não é suficiente para a sua promoção económica e social: eles juntam-se aos países em vias de desenvolvimento, aos quais a organização tem a obrigação de dar assistência internacional.

B) *A assistência internacional.* — As Nações Unidas compreenderam que a paz era condicionada tanto pelos níveis de vida como pelo desejo de poder. Ora, este, que durante muito tempo se desencadeou na conquista dos

---

([2]) Para os territórios considerados como «zonas estratégicas» (ilhas do Pacífico submetidas à tutela dos Estados Unidos), o controlo confiado ao Conselho de Segurança é bastante reduzido.

mercados externos, não está ausente da guerra dos donativos que se dissimula hoje na ajuda aos países subdesenvolvidos. Passou-se do imperialismo, «estado supremo do capitalismo» (Lenine), ao donativo, estado supremo do imperialismo. Os grandes messianismos que disputam entre si o Terceiro Mundo reforçam as suas promessas de auxílios financeiros e técnicos. A despolitização desta assistência pressuporia que ela fosse confiada não ao sistema bilateral interestadual, mas à organização internacional. Agindo como um crivo, ela filtraria a ajuda fornecida pelos Estados e controlaria a sua distribuição, de forma a que não beneficiasse apenas algumas categorias sociais já privilegiadas, mas a população em geral. No entanto, está-se ainda muito longe deste modelo. A ajuda financeira de organismos como o Banco Internacional para a Reconstrução e Desenvolvimento ou a assistência técnica fornecida sob a égide das Nações Unidas e das instituições especializadas ([1]) continuam a ser modestas, comparadas com as dos Estados. A organização internacional viu bem o caminho que se lhe impunha: substituir as intervenções competitivas dos Estados pela sua. Mas, o facto é que ainda não lhe foi possível avançar tanto quanto desejaria. O mesmo sucede no domínio da segurança.

([1]) Cfr. CHAUMONT, L'O.N.U., «Que sais-je?», pp. 102 a 106. A partir de 1963, foram criadas instituições subsidiárias: U.N.I.T.A.R. (formação e investigação), C.N.U.C.E.D. (comércio), P.N.U.D. (assistência técnica).

2. **A polícia internacional.** – Esta só tem em comum com a guerra o emprego da força. Mas enquanto num meio jurídico que a proscreve a guerra se torna uma infracção à lei, a polícia tem precisamente como objectivo impedir a agressão ou pôr-lhe termo. As duas noções opõem-se assim pelo seu objectivo (prossecução de uma pretensão estadual contra a preservação da ordem), pela sua acção (à mercê do Estado para uma, da autoridade pública para a outra), pela sua finalidade (submissão, ainda que total, do adversário pelo Estado vencedor, restabelecimento do *statu quo* ante pela polícia). Deste modo se encontra garantida a segurança, a qual passa necessariamente pela instituição. A Carta das Nações Unidas atribui ao Conselho de Segurança um verdadeiro poder determinador em caso de ameaça real de ruptura da paz ou em caso de agressão (cap. VII). Este órgão é competente para verificar tanto uma como a outra e para tomar as decisões necessárias nos domínios diplomático, económico ou militar. A técnica da segurança polícia foi assim bastante bem compreendida pela Carta. Tecnicamente, a instituição de uma polícia eficaz pressuporia tanto o desarmamento dos Estados e a criação de uma força militar das Nações Unidas, como a centralização da acção da polícia.

A) *Desarmamento dos Estados e força das Nações Unidas.* – A segurança só pode ser garantida se um determinado desarmamento dos Estados for reforçado pela criação de uma força à disposição da instituição. A força é, com efeito, necessária; nenhuma sociedade poderia passar sem ela. Mas esta deve estar ao serviço da ordem e não do desejo de hegemonia dos Estados. Ora, se a Carta previu desarmamento e força policial, o facto é que nenhum destes factores de paz pôde ser alcançado na realidade.

a) O desarmamento, procurado em vão pela S.D.N., foi retomado pela O.N.U. que, de acordo com a Carta, devia estabelecer «um sistema de regulamentação dos armamentos», confiado ao Conselho de Segurança. Mas o problema continuou a atravessar múltiplas vicissitudes de ordem processual e doutrinal. Em 1946, duas Comissões são encarregadas, respectivamente, da limitação dos armamentos de tipo clássico e da das armas atómicas. Foi um duplo fracasso. A partir de 1952, com o aparecimento da bomba H, apenas um único órgão é encarregado dessa função, a Comissão do Desarmamento, o qual, em 1954, se submete a um subcomité constituído por cinco potências (E.U.A., U.R.S.S., Reino Unido, França e Canadá) com sede em Londres. Ele acumulou reuniões, mas sem resultado, até que a União Soviética exigiu o alargamento da Comissão do Desarmamento que então se estendeu a todos os membros das Nações Unidas. No entanto, em 1959, tende-se a sair do quadro da O.N.U., e os Ministros dos Negócios Estrangeiros dos Quatro Grandes decidem confiar o problema a um Comité dos Dez com sede em Genebra, a partir do ano seguinte; no entanto, este não conduziu a qualquer resultado positivo. Esta sequência de fracassos deve-se tanto à ligação existente entre o desarmamento e certos problemas políticos (reunificação da Alemanha), como às oposições de base entre Americanos e

Soviéticos, nomeadamente quanto à questão do controlo. A Assembleia Geral conserva um direito de fiscalização sobre uma questão cuja solução pressuporia a suspensão controlada dos ensaios de armas nucleares, a interrupção da produção de matérias físseis para fins militares, a redução dos *stocks* de armas nucleares e de armas clássicas, a aplicação progressiva de um sistema de inspecção. Os Estados Unidos, o Reino Unido e a U.R.S.S assinaram em Moscovo, em 5 de Agosto de 1963, um tratado estabelecendo a proibição parcial dos ensaios nucleares. Aderiram mais de cem Estados ([1]). Em 24 de Junho de 1973, os Estados Unidos e a União Soviética concluíram acordos sobre a prevenção da guerra nuclear e sobre o princípio de negociação para a limitação dos armamentos estratégicos ofensivos, negociações essas que conduziram, em Junho de 1979, à assinatura do Acordo SALT II. O primeiro acordo de desarmamento efectivo, concluído em Washington, em 10 de Dezembro de 1987, teve por objecto os mísseis nucleares de alcance intermédio.

b) A força das Nações Unidas, tal como era prevista pela Carta, deveria incluir contingentes nacionais colocados à disposição do Conselho de Segurança, sempre que

---

([1]) O Tratado A.B.M. (Anti Balistic Missiles) de 1972 é posto em questão pelas armas de energia dirigida (lasers, aceleradores de partículas) estudadas pelas duas super-potências (a iniciativa de defesa estratégica corresponde ao programa de investigação americano neste domínio).

este decidisse empreender uma acção policial. Um Comité de Estado-Maior composto por representantes dos *Big Five* devia ser responsável pela orientação estratégica das suas forças. Não se tratava, portanto, de um verdadeiro exército internacional, cujos membros tivessem sido libertos de toda e qualquer obrigação estadual e que se encontrasse permanentemente à disposição do Conselho. Não tendo podido ser concluídos os acordos previstos entre ele e os seus membros para a constituição destas forças (arts. 42 e 43), o Conselho não pode, nem juridicamente, nem materialmente, recorrer à coacção para lutar contra a agressão. Assim se explica que perante a invasão da Coreia do Sul apenas tenha adoptado uma recomendação a convidar os Estados membros a darem-lhe «toda a ajuda necessária para afastar os atacantes». As tropas que se juntaram às dos Estados Unidos, para esse efeito, fizeram-no assim, não em nome das Nações Unidas, segundo as disposições da Carta, mas em virtude da aceitação benévola de alguns Estados. Isto não era mais do que um sucedâneo do mecanismo primitivamente previsto. A necessidade de uma força à disposição da organização não foi perdida de vista. Quando a resolução «União para a Paz», em 1950, reconheceu à Assembleia Geral, em caso de paralisia do Conselho de Segurança pelo veto, o direito de se encarregar de um problema de segurança, recomendou a cada um dos Estados membros que mantivesse, no seio das suas forças armadas nacionais, elementos preparados, susceptíveis de servirem como unidades da organização, mediante recomendação do Conselho de Segurança ou da Assembleia

Geral. Na verdade, tratava-se, por ocasião da guerra da Coreia, de empenhar a O.N.U. no conflito Leste-Oeste, enquanto que, de acordo com o espírito da Carta, ela deveria permanecer indiferente a isso. Com efeito, o sistema evolui para formas em que se exerce a persuasão em detrimento da decisão. A Força de Urgência das Nações Unidas foi criada em 1956 para assegurar e velar pelo fim das hostilidades desencadeadas pelo caso do Suez, com o consentimento tanto dos Estados fornecedores de contingentes como dos beligerantes, que aceitaram a sua instalação no Egipto. Dag Hammarskjold pretendeu, contrariamente ao espírito da resolução de Dean Acheason, descomprometer as Nações Unidas da guerra fria. Seguro do apoio do Terceiro Mundo, o Secretário-Geral não procurava utilizar uma força de coerção, da qual o estado de divisão do mundo torna bastante improváveis a constituição e a intervenção, mas prosseguia uma política de neutralização sistemática das tensões, aplicando-lhes a presença de uma força apaziguadora encarregada de isolar a região onde elas se produzem. Trata-se de uma acção diplomática e já não de uma função coerciva. A questão congolesa iria colocá-la tragicamente à prova: conflito de ordem interna opondo facções sustentadas por grandes potências, que nem sempre seguiam Dag Hammarskjold nos caminhos do apaziguamento, levou o país a afundar-se num caos que necessitou de uma intervenção mais decisiva dos capacetes azuis (O.N.U.C.).

Esta questão mostra nitidamente como, num meio internacional carente de uma coesão política suficiente para dispor de meios poderosos de coerção, a força não é menos necessária e assegura difíceis missões entre o apaziguamento e a pressão.

Estas operações de manutenção da paz em condições diferentes das previstas pela Carta, ocasionaram sérias dificuldades financeiras que, em 1965, recaíram sobre a Organização. Alguns Estados, entre os quais a U.R.S.S. e a França, tendo recusado cobrir os encargos da F.U.N.U. e da O.N.U.C., corriam o risco de lhes ser aplicado o artigo 19º que permitia a suspensão do seu direito de voto. Na realidade, os Grandes desejam pegar novamente na Carta e despojar a Assembleia das atribuições que lhe haviam sido outorgadas em 1950. Trata-se de uma crise política que vai encontrar o seu apaziguamento no âmbito da coexistência pacífica.

As previsões da Carta nem por isso foram mais bem sucedidas quanto à monopolização da força que pretendiam consagrar em proveito das Nações Unidas.

B) *Centralização da polícia. As forças concorrentes: o regionalismo.* — Uma organização da polícia pressuporia que uma única autoridade pudesse definir o agressor e prescrever as medidas a aplicar-lhe. Tendo em conta a proibição do recurso à força, a legítima defesa só seria admissível na hipótese da carência do órgão social encarregado da preservação da ordem pública. Somente em razão desta falta, em princípio momentânea, os sujeitos de direito têm a competência discricionária para qualificar a situação e agir pela força, competência essa reconhecida temporariamente e que desaparecerá quando o órgão central tiver tomado conhecimento do caso. A Carta compreendeu-o e esboçou este esquema. Mas a O.N.U. não conseguiu salvaguardar um monopólio que exigiria o acordo constante dos Grandes.

a) O Conselho de Segurança recebeu o poder de constatar a agressão. De facto, ele estabeleceu-a no caso da Coreia. Em seguida, foi a Assembleia Geral que, com base na resolução «União para a paz», reconheceu existir uma agressão na questão húngara, em 1956, e implicitamente no caso do Suez, no mesmo ano. Isso não impede que estes casos sejam excepcionais; o primeiro produziu-se na ausência do delegado soviético, os outros em condições diferentes das previstas pela Carta. A maior dificuldade reside na definição da agressão. A S.D.N., por exemplo, não conseguiu defini-la. A Carta deixa ao Conselho o cuidado de a verificar em cada caso concreto ([1]). Para ele, o essencial é conseguir um cessar fogo, como aconteceu, em Junho de 1967, no conflito israelo-árabe após ter aprovado duas resoluções por unanimidade e pedido em seguida uma total cooperação com a equipa de observadores das N.U. Além disso, a Carta tentara igualmente restringir o alcance da legítima defesa, limitando-

---

([1]) Embora dispondo, desde 1974, de uma definição da agressão, o Conselho de Segurança, para evitar dar a impressão de estar a condenar, directa ou indirectamente, um dos seus membros permanentes, prefere constatar somente uma «ruptura da paz» (ex. questão das Malvinas).

-a aos casos de ataques armados (art. 51º). Sob pena de reduzir a nada o princípio da proibição do uso da força pelos Estados, a legítima defesa deve assentar numa definição estrita da agressão. Ora, esta conhece hoje formas subtis, as da agressão indirecta, a qual é dirigida mais contra um governo do que contra um território e consiste numa ingerência mais ou menos forçada de um Estado numa insurreição que se produz num outro país. Nestes tempos de guerra subversiva, esta forma de agressão tem numerosas aplicações. Segundo o artigo 51º, não é autorizada qualquer réplica militar em nome da legítima defesa. O Estado que se queixa de uma tal intromissão deve simplesmente informar o Conselho de Segurança, se entender tratar-se de uma agressão. Mas a necessidade da unanimidade dos Cinco exclui a qualificação da eventual intervenção de um deles ou de um dos seus parceiros. Nestas condições, a incapacidade do Conselho corre o risco de se prolongar indefinidamente. Ao mesmo tempo, a legítima defesa ganha uma importância considerável, a ponto de originar um retorno mais ou menos ca-muflado ao direito à guerra. Foi precisamente para se estar em condições de replicar eficazmente a uma agressão, a pretexto da legítima defesa, que se multiplicaram os pactos militares regionais (Tratado interamericano do Rio, O.T.A.N., O.T.A.S.E., Pacto de Bagdad, Pacto de Varsóvia).

b) Ora, a Carta admitira uma descentralização dos processos pacíficos, encorajando os organismos regionais, aos quais o Conselho de Segurança pode remeter as questões na esperança de que elas sejam resolvidas por essa primeira instância. Mas esta deve mantê-lo ao corrente de qualquer acção empreendida ou contemplada por ela. A Carta institui, com efeito, um verdadeiro poder hierárquico em matéria de polícia internacional: O Conselho de Segurança detém, pelo artigo 53º, o monopólio da iniciativa do recurso à força e pode sempre voltar a interferir numa acção empreendida em virtude de acordos regionais. Mas esta superioridade hierárquica foi destruída pela acção do artigo 51º sobre a legítima defesa colectiva, a qual, em razão da paralisia do Conselho, submergiu a matéria de segurança e suscitou o aparecimento de forças concorrentes, organizadas no plano regional (regionalismo sóciopolítico, mais do que geográfico), conduzindo ao pluralismo das seguranças colectivas. A partir daí, encontrando-se as Nações Unidas despojadas, com efeito, do monopólio do poder de coacção, a solução pacífica dos litígios já não dispõe do apoio da polícia, cuja eventual intervenção dissuade os queixosos do recurso à violência. Volta-se a cair num sistema em que a paz se deve mais ao medo da guerra do que propriamente ao poder da organização. Esta não é, no entanto, insignificante, mas, ao invés de se fundamentar na ameaça da coerção, recorre mais facilmente à persuasão. Para este efeito, dispõe do aparelho institucionalizado dos processos pacíficos.

II. — Institucionalização da solução dos conflitos

A Organização Internacional tende a corrigir o carácter facultativo dos processos políticos e jurisdicionais, colocando à sua disposição instâncias pré-instituídas.

1. **A solução política.** – A prevenção dos conflitos é assegurada pela própria organização, graças aos contactos que permite entre os seus membros e pela sua faculdade de intervir em qualquer litígio que lhe pareça ameaçar a paz. O Pacto da S.D.N. incita as partes à solução pacífica dos conflitos: não podiam recorrer à guerra sem antes a ter tentado. Conferia-lhes a obrigação de submeterem os seus litígios à arbitragem, ao juiz ou ao próprio Conselho; este podia ser solicitado por uma das partes para julgar um conflito e cabia-lhe empreender uma acção de inquérito e de mediação. Nas Nações Unidas, a abolição da competência de guerra parece ser o ponto essencial da Carta; a escolha dos processos é livre, mas as partes têm a obrigação de recorrer a ela (art. 33º, alínea 1). Em caso de fracasso dos seus processos clássicos (inquérito, arbitragem, solução judicial, recurso a um organismo regional), elas são obrigadas a submeter o seu conflito ao Conselho de Segurança.

O importante é não se ficar por essas disposições e beneficiar do equivalente ao direito de citação directa. Tanto as partes, como qualquer Estado membro ou mesmo não membro, a Assembleia Geral ou o Secretário-Geral podem recorrer ao Conselho de Segurança. A Carta providencia para que ele possa julgar facilmente todos os litígios. Estes podem ser apresentados perante a Assembleia, mas não antes de o Conselho ter esgotado todas as suas tentativas (arts. 12º e 24º). Tanto um como outro dispõem de todos os meios tradicionais de inquérito e de mediação, os quais se encontram, assim, valorizados pela Organização. A Carta prevê não só que as partes possam ser convidadas a recorrer a estes processos, mas também que um deles lhes possa ser recomendado. O inquérito e a mediação foram confiados a organismos subsidiários: agente único (mediador para o Afganistão, 1988), ou, mais frequentemente, comissão (Comissão de Inquérito e de Mediação na Caxemira, em 1948, Missão de apuramento dos factos na fronteira Honduras-Nicarágua, em 1988, etc.). Trata-se de precedentes que não são de desprezar, tendo em conta a oposição endémica entre o Leste e o Ocidente. Nitidamente menos marcada pelo juridicismo, que inclinava a S.D.N. para uma arbitragem política, demasiado ambiciosa, a O.N.U. pôde favorecer, senão a solução, pelo menos o apaziguamento de conflitos delicados, por processos que apelam mais ao compromisso do que à sentença. A fraqueza institucional da organização encontra-se em parte compensada pela flexibilidade das suas intervenções. Foi precisamente a essa mesma promoção do inquérito e da mediação que se assistiu na Organização dos Estados Americanos para os conflitos interamericanos. A O.E.A. já não é, aliás, o único organismo regional a pôr efectivamente em prática uma função de conciliação entre os seus membros. A O.U.A., por exemplo, organizou já processos de inquérito e de mediação em alguns conflitos africanos. Os outros sistemas estão mais virados para o exterior (pactos de defesa, tipo O.T.A.N.) do que para os conflitos internos, não obstante inevitáveis. Assim sendo, a O.N.U. continua a ser o centro de atracção das contestações políticas com alguma importância, salvo daquelas que os Grandes consideram preferível não lhe submeter (Vietnam). As questões jurídicas misturam-se aí inevitavelmente, dependendo de instâncias pouco adequadas para as examinar. Todavia, a Carta recorda que, de uma maneira geral, os litígios de ordem jurídica deveriam ser submetidos pelas partes ao Tribunal Internacional de Justiça.

2. **A institucionalização da jurisdição.** – Só a instituição internacional pode afastar, num litígio relativo à interpretação ou à aplicação do Direito, o julgamento soberano de cada uma das partes e substituí-lo pelo seu. Mas, além disso, a própria organização suscita conflitos que lhe dizem respeito e para os quais uma jurisdição se revela necessária.

A) Os litígios jurídicos interestaduais deveriam, num sistema perfeito, poder ser traduzidos obrigatoriamente por via de citação directa perante juízes independentes das partes e cuja sentença teria força executória.

A primeira tentativa de institucionalização ficou muito longe deste esquema. O Tribunal Permanente de Arbitragem (T.P.A.), criado em 1907, persistia na tradição arbitral: para cada questão, os árbitros são escolhidos pelas partes numa lista de uma centena de nomes. Para fazer esta lista, cada Estado designa, por um período de seis anos, quatro membros que formam um «grupo nacional». A institucionalização ultrapassa largamente este estado sumário com o Tribunal Permanente de Justiça Internacional, criado em 1920 e transformado em 1945 no Tribunal Internacional de Justiça. No entanto, persistem ainda vários vestígios da arbitragem.

1) A Carta das Nações Unidas não obriga a recorrer ao Tribunal, apesar de os membros da O.N.U. serem *ipso facto* partes do estatuto desta jurisdição. No entanto, os Estados podem aderir à «cláusula facultativa de jurisdição obrigatória» para os seus litígios jurídicos, definidos não por eles, mas pelo artigo 36º do Estatuto do Tribunal. Esta adesão, feita perante o Secretário-Geral das Nações Unidas, torna obrigatória a competência do Tribunal para os Estados que a conferem. Contudo, numerosas são as reservas que lhe limitam o alcance, em especial aquelas que frequentemente excluem as matérias dependendo do domínio reservado tal como é determinado pelo próprio Estado. Alguns Estados, mais raros, não afastam do Tribunal senão as questões que, segundo o Direito internacional, dependem exclusivamente da competência nacional. Apenas uma minoria de Estados aderiu à cláusula, na sua forma extensiva ou restritiva. Contudo, a permanência do Tribunal e a sua ligação com a O.N.U. favorecem o recurso unilateral, podendo a aceitação da outra parte resultar tacitamente da sua participação no processo.

2) O Tribunal é constituído por 15 juízes, eleitos pela Assembleia Geral e pelo Conselho de Segurança entre os candidatos apresentados pelos grupos nacionais do T.P.A. Sendo eleitos independentemente da sua nacionalidade, eles representam as grandes formas de civilização. Todavia, o voluntarismo persiste: os Estados, partes num litígio, que não contem com um dos seus nacionais no grupo de juízes têm a faculdade de designar um juiz *ad hoc,* o que é da essência da arbitragem.

3) As sentenças, obrigatórias, não são executórias senão pela O.N.U. Os Estados encontram-se assim desprovidos do poder (admitido pela S.D.N.) de, eles próprios, as executarem pela força; segundo o artigo 94º da Carta, o Conselho de Segurança, «se julgar necessário, pode adoptar recomendações ou decidir medidas a tomar para fazer executar o acórdão». O Tribunal não pronuncia apenas acórdãos, exerce também uma função consultiva e emite pareceres desprovidos de carácter vinculativo. Mas estes, proferidos a pedido dos órgãos das Nações Unidas ou das instituições especializadas, dizem respeito sobretudo ao contencioso funcional da organização.

B) O contencioso funcional tem por objecto a definição das competências da organização ou a repartição desta entre os seus órgãos.

a) O dinamismo da instituição torna concebível um recurso de anulação contra as suas decisões. Este pode efectuar-se perante o Tribunal de Justiça das Comunidades Europeias. Além disso, perante este mesmo Tribunal, um outro recurso pode ser formulado, em constatação de uma violação do Tratado cometida por um Estado membro, quer pela Comissão, quer por qualquer outro Estado membro.

Na O.N.U., na ausência de um contencioso de anulação, que a situação do sistema não permite, as questões levantadas pelo funcionamento dos órgãos dependem do processo do parecer consultivo. Através dele, o T.I.J. interpreta a Carta. Ainda que o parecer não tenha qualquer efeito vinculativo, ele confere ao Tribunal um poder real;

nenhum Estado pode impedir que seja dado seguimento a um pedido de parecer a que as Nações Unidas tivessem reconhecido a oportunidade. Este é dado não aos Estados, mas ao órgão que o pediu (Parecer sobre a interpretação, 1950). Certamente que, comparado com o recurso de anulação, o seu alcance parece fraco; todavia, ele não é insignificante e o facto é que se nota uma certa tendência dos órgãos políticos para se julgarem senhores da interpretação das disposições da Carta que lhes dizem respeito.

b) O funcionamento de algumas organizações atinge não apenas os Estados, mas também os indivíduos.

1) Os funcionários internacionais dispõem de jurisdições próprias (Tribunal Administrativo das Nações Unidas, Trib. Adm. da O.I.T., Trib. Adm. do Banco Mundial, Comissão de recurso da O.C.D.E.), que garantem o respeito pelos seus direitos e vantagens de carreira. O Tribunal das Comunidades assegura a mesma função para os agentes europeus, mas, além disso, está aberto aos particulares abrangidos pela actividade das Comunidades.

2) Os «utentes» deste têm acesso ao seu pretório.

3) Enfim, o indivíduo, tal como foi visto anteriormente, no quadro da Convenção dos Direitos do Homem, tem um direito de recurso perante a Comissão de Estrasburgo. Verifica-se aqui a acção da organização no próprio seio da sociedade relacional, à qual oferece convenções e instituições criadas sob a sua égide. Na verdade, são múltiplas as interpenetrações das duas sociedades.

CONCLUSÃO

INTERFERÊNCIA DAS DUAS SOCIEDADES [1]

As duas sociedades encontram-se interligadas, participando nelas os mesmos Estados. O institucional não substituiu o relacional. Será que a ascensão da humanidade em direcção à planetização obrigará os Estados a unir-se numa organização cuja complexidade tenderá a aumentar? É permitido pensá-lo. Mas o facto é que as nações não se diluirão num sistema unitário «como um grão de sal no mar»; a diferenciação manter-se-á no próprio seio da união, sob pena, para o mundo, de um dia alcançar a uniformidade do deserto. Na realidade, a dialéctica do singular e do conjunto demonstra a sua permanência no fenómeno relacional. Este é irredutível. Até agora, a organização apenas conseguiu integrá-lo parcialmente; ela própria está «como que cativa» numa sociedade de justaposição que procura, no entanto, unificar.

---

[1] Este fenómeno constitui tema de um estudo no curso de Direito Internacional da Academia de Direito Internacional da Haia, *Recueil*, vol. 165, pp. 67 a 114.

I. – A instituição não integra a sociedade relacional

1. Transparência da organização. – Apesar da sua autonomia jurídica, ela deixa entrever os Estados sempre presentes por detrás das suas estruturas. Estas mostram, assim:

1) Uma falta de homogeneidade política dos agrupamentos universais que atinge as próprias concepções da organização: enquanto os países capitalistas vêem nela uma entidade autónoma, os Estados socialistas, convencidos de aí coabitarem com potências hostis, consideram-na como um simples quadro aberto ao diálogo. Para eles, se os Estados burgueses, consumidos pelas suas contradições, estão reduzidos a procurar instituições constrangedoras para impedir a guerra, o entendimento interestadual é suficiente para os povos socialistas, que afastaram a exploração das suas relações. Calcula-se a distância existente entre estes dois pontos de vista (assim se explica a recusa pelos Estados comunistas da jurisdição obrigatória do T.I.J.). As próprias organizações regionais estão nitidamente situadas mediante a sua composição estadual: é nomeadamente o caso da O.E.A., das Comunidades Europeias ou do Pacto de Varsóvia.

2) O magro volume das condições estaduais: no plano jurídico, os Estados membros não transferem senão uma margem modesta de competências para a organização. E, por vezes, receando todo e qualquer excesso de dinamismo da sua parte, eles continuam a exercer competências

cedidas. Num sistema tão integrado como o das Comunidades Europeias, os Doze concluem, a par das instituições que intervêm por si próprias e não em sua substituição, os acordos importantes, nomeadamente os de associação. Por toda a parte, os Estados membros agem livremente fora da organização. Isto é o mesmo que referir:

2. **A sua falta de influência.** – 1) A admissão de um Estado não significa o reconhecimento deste ou do seu governo para a sociedade relacional: Israel, membro da O.N.U., não é reconhecido pelos Estados árabes (à excepção do Egipto).

2) Um Estado que contesta a competência da organização para se ocupar de uma questão que lhe diz respeito, recusa assistir aos debates do órgão e substitui a vontade deste pela sua própria apreciação. Pela sua ausência, ele «salta» para fora da instituição e «já não faz» o jogo da organização. Pode ir mesmo até à sua retirada: a Indonésia, por exemplo, preferiu deixar temporariamente a Organização a aceitar a entrada da Malásia no Conselho de Segurança.

3) O apelo à força pública não se fundamenta numa decisão executória desta, mas numa negociação entre o Secretário-Geral e os Estados interessados. A persuasão substitui a coerção, a pressão lateral e a execução vertical. Na questão da Coreia, a operação militar parte das Nações Unidas, que a desencadeiam em circunstâncias, aliás,

decorrentes das previsões da Carta, e é concluída fora da organização, em Genebra. Por uma curiosa viragem na história, esta cidade parece ter-se tornado a capital da sociedade relacional. É lá que se realiza, em 1955, a Conferência cimeira entre os Quatro Grandes, que pretendem abordar fora da O.N.U. os principais problemas para a paz no mundo; o mesmo acontece em Genebra onde se resolve, em 1962, o caso do Laos, onde se prosseguem as negociações americano-soviéticas sobre o desarmamento e onde se realiza, no final de 1985, o encontro Reagan-Gorbachev. A organização não pode deixar de sofrer a concorrência que os seus membros lhe oferecem no exterior: isto acontece também com a ajuda aos países em vias de desenvolvimento. Ela própria tenta exercer a sua influência no mundo dos Estados: pode incitá-los a adaptar as suas convenções às novas circunstâncias; a Carta prevê para as Nações Unidas a possibilidade de convidar, em primeiro lugar, as partes em litígio a tentar a solução pelos meios relacionais clássicos, e a Assembleia renovou o Acto Geral de Arbitragem, pelo qual a S.D.N. oferecia, em 1928, à sociedade interestadual três categorias de soluções: conciliação, justiça (para um conflito jurídico), arbitragem (igualmente para os litígios políticos). Trata-se de um movimento que depende do encorajamento dado pela organização à conclusão de grandes convenções normativas concebidas no seu seio e concluídas fora dele (cfr. também o Conselho da Europa). Todos estes exemplos se explicam pelo facto de que, postas à parte as condições do funcionamento interno dos órgãos (regulação dos processos), as relações entre a organização e os seus membros dependem não do seu Direito interno, mas do Direito internacional geral. (Mesmo nas Comunidades Europeias: Tribunal, Rec. VI, Proc. 25/59). Não se encontra a própria organização no coração da sociedade dos Estados?

II. – A instituição, elemento da sociedade relacional

Ela constitui um sujeito de Direito internacional e, nesta qualidade, estabelece relações com os Estados e as outras organizações.

1. A personalidade internacional da organização não tem o mesmo conteúdo que a dos Estados, mas nem por isso é menos real. «Os sujeitos de direito num sistema jurídico não são necessariamente idênticos quanto à sua natureza ou à extensão dos seus direitos; e a sua natureza depende das necessidades da Comunidade.» (T.I.J., Parecer sobre a reparação dos danos sofridos ao serviço das Nações Unidas, 1949.). A personalidade varia consoante as capacidades atribuídas pelas cartas constitutivas para lhes permitir atingir os seus objectivos. (C.E.E., arts. 114º e 238º) Se os textos se calam, a teoria das competências funcionais reconhece-lhe os poderes que, utilmente, tendem a pô-los em prática. Além disso, a Carta, discreta no que respeita à personalidade internacional da O.N.U., prevê que ela possa influenciar os Estados não membros para que estes ajam em conformidade com os seus princípios. No mínimo, as organizações

dispõem dos meios jurídicos essenciais para estabelecerem relações com os Estados e as outras organizações.

2. As competências relacionais. – 1) Têm o direito de representação activo e passivo, exercido, aliás, em condições por vezes diferentes das dos Estados, nomeadamente entre organizações. Estas, além das ligações resultantes do envio de observadores ou de missões permanentes, têm por vezes relações estruturais (órgãos conjuntos ou comuns).

2) Concluem acordos de todas as espécies que, uma vez negociados e assinados pelo órgão executivo, são aprovados pelo órgão plenário ou (para os sistemas complexos como as Comunidades Europeias) pelo órgão cujas competências estatutárias estão interessadas no acordo. Estes são concluídos com Estados membros (acordos de sede, de assistência técnica, etc.) ou com terceiros Estados (acordos de associação com as Comunidades).

Entre elas, as organizações tentam, por meio de medidas convencionais, evitar a acumulação de competências; é nomeadamente o caso das instituições especializadas, as quais estão ligadas às Nações Unidas por acordos concluídos com o Conselho Económico e Social.

Assim, no seio das múltiplas redes relacionais que se entrecruzam, tal como acontece no coração das organizações que agrupam os Estados, o processo é sempre o mesmo: um mundo cada vez mais complexo onde a justaposição tende a atenuar-se tanto nos cruzamentos das ligações tecidas entre os diversos elementos da comunidade internacional, como no interior das estruturas institucionais. A ramificação intensifica-se, muito embora a árvore se eleve lentamente.

BIBLIOGRAFIA SUMÁRIA

I. – OBRAS DE CARÁCTER GERAL OU DE SÍNTESE EM LÍNGUA FRANCESA

R. ARON, *Paix et guerre entre les nations*, Calmann-Lévy, 1962.
Mme P. BASTID, *Droit international public*, Les cours de droit, 1976-1977.
Les traités dans la vie internationale, Economica, 1985.
M. BETTATI, *Le nouvel ordre économique international*, Presses Universitaires de France, «Que sais-je?», nº 2088.
— *L'asile politique em question*, Presses Universitaires de France, 1985.
Ch. CHAUMONT, *Cours général de dr. int. public*, Recueil des cours de l'Académie de Droit international de La Haye, 1969, vol. 129.
— *L'O.N.U.*, Presses Universitaires de France, «Que sais--je?», nº 748.
— *Le droit de l'espace*, Presses Universitaires de France, «Que sais-je?», nº 883.
C. -A. COLLIARD, *Institutions des relations internationales*, Dalloz, 1985.
Cl. DELMAS, *L'O.T.A.N.*, Presses Universitaires de France, «Que sais-je?», nº 865.
P. M. DUPUY, *Le fait générateur de la responsabilité internationale des Etats*, Recueil des cours de l'Académie de Droit international de La Haye, vol. 188, Nijhof, 1984.
R. -J. DUPUY, *Le droit des relations entre les organisations internationales*, Rec. Cours de l'Académie de Droit international de La Haye, vol. 100, 1960.
— *Communauté internationale et disparités de développement*, Rec. Cours de l'Académie de Droit internationale de La Haye, vol. 165, 1979.

Traité du nouveau droit de la mer (com D. Vignes), Economica-Bruylant, 1985.

P. GERBERT, *Les organisations internationales*, Presses Universitaires de France, «Que sais-je?», n° 792.

P. GINESTET, *L'Assemblée parlementaire européenne*, Presses Universitaires de France, «Que sais-je?», n° 858.

P. -F. GONIDEC, *Relations internationales*, Montchrestien, 1981.

Ph. MANIN, *Droit international public*, Masson, 1979.

M. MERLE, *La vie internationale*, A. Colin, 1970.

— *Sociologie des relations internationales*, Dalloz, 1984.

La politique étrangère, Presses Universitaires de France, 1985.

M. MONTCEAU, *l'Organisation Internationale du Travail*, Presses Universitaires de France, «Que sais-je?», n° 836.

NGUYEN QUOC DINH, F. DAILLET et A. PELLET, *Droit international public*, L.G.D.J., 1980.

R. PINTO, *Le droit des relations internationales*, Paris, 1972.

P. REUTER, *Droit international public*, Presses Universitaires de France, «Thémis», 3ᵉ ed., 1973.

— *Organisations européennes*, Presses Universitaires de France, «Thémis», 1971

P. REUTER et J. COMBACAU, *Institutions et relations internationales*, Presses Universitaires de France, «Thémis», 1980.

Ch. ROUSSEAU, *Principes généraux du droit international public*, Pedone, 1944.

— *Droit international public*, Sirey, t. 1, 1970; t. 2, 1974; t. 3, 1977; t. 4, 1980.

— *Droit international*, Précis Dalloz, 1979.

G. SCELLE, *Précis de droit des gens*, Sirey, 2 vol., 1932, 1934.

— *Manuel élémentaire de droit international public*, Domat-Montchrestien, 1944.

J. de SOTO, *La C.E.C.A.*, Presses Universitaires de France, «Que sais-je?», n° 773.

H. THIERRY, J. COMBACAU, S. SUR, Ch. VALLÉE, *Droit international public,* Montchrestien, 1984.

G. I. TUNKIN, *Droit international public, problèmes théoriques,* Pédone, 1965.

M. VIRALLY, *L'organisation mondiale,* A. Colin, 1972.

Panorama du droit international contemporain, Recueil des cours de l'Académie de Droit international de La Haye, vol. 183, Nijhoff, 1983.

Ch. DE VISSCHER, *Théories et réalités du droit international public,* Pedone, 4' ed., 1970.

— *Les effectivités du droit international public,* Pédone, 1967.

Ch. ZORGBIBE, *Les relations internationales,* Presses Universitaires de France, «Thémis», 1975.

II. – COLECÇÕES E PERIÓDICOS

Annuaire français de droit international, publicado por C.N.R.S., após 1955.

Journal de droit international (Clunet), Editions techniques, Paris.

Revue générale de droit international public, Pedone.

III. – COMPILAÇÕES DE TEXTOS

C.-A. COLLIARD E A. MANIN, *Droit international et histoire diplomatique,* 3 vol., Montchrestien, 1970-1971. Sup. 1975 e 1979.

H. THIERRY, *Droit et relations internationales, Traités, résolutions, jurisprudence,* Montchrestien, 1985.

ÍNDICE

INTRODUÇÃO

I. – Definição do Direito internacional 5
II. – História das relações internacionais 8

PRIMEIRA PARTE

O DIREITO DA SOCIEDADE RELACIONAL

CAPÍTULO I – Dispersão do poder 33
   I. – O quase monopólio dos Estados 33
   II. – A exclusão do indivíduo do Direito Internacional
      Público 47

CAPÍTULO II – Incondicionamento do poder 51
   I. – O poder do Estado, poder supremo 51
   II. – O poder do Estado, poder espontâneo 58
   III. – O poder do Estado, poder libertário 63

CAPÍTULO III – Violência do poder 79
   I. – A licitude do recurso à força 79
   II. – Os paliativos da violência 85

SEGUNDA PARTE

O DIREITO DA SOCIEDADE INSTITUCIONAL

CAPÍTULO I – Concentração do poder 109
   I. – O Estado na organização 110
   II. – O indivíduo na instituição 116
CAPÍTULO II – Condicionamento do poder 125
   I. – Limitação do poder do Estado 126
   II. – Aceitação do Estado pela organização 132
   III. – Regulamentação do poder do Estado 135

CAPÍTULO III – Repressão do poder 143
   I. – Proibição do recurso à força 144
   II. – Institucionalização da solução dos conflitos 157

CONCLUSÃO – Interferência das duas sociedades . 165
   I – A instituição não integra a sociedade relacional 166
   II. – A instituição, elemento da sociedade relacional 169

BIBLIOGRAFIA SUMÁRIA 173

ÍNDICE 177

Execução Gráfica
G. C. – Gráfica de Coimbra
Tiragem 3000 ex. – Abril, 1993

Depósito legal nº 65140/93